AF453339

THÉRÈSE

PHILOSOPHE.

Frontispice.

THÉRÈSE

PHILOSOPHE,

OU

MÉMOIRES

Pour servir à l'Histoire de D. DIRRAG *et de Mademoiselle* ERADICE.

NOUVELLE ÉDITION.

TOME PREMIER.

A LONDRES.

M. DCCC.

THÉRÈSE

PHILOSOPHE,

OU

MÉMOIRES

Pour servir à l'Histoire de D. Dirrag
et de mademoiselle Eradice.

Quoi ! Monsieur sérieusement vous voulez que j'écrive mon histoire ? Vous désirez que je vous rende compte des scènes mystiques de mademoiselle Eradice avec le très-révérend père Dirrag ; que je vous informe des aventures de madame C.... avec l'abbé T....? Vous demandez d'une fille qui n'a jamais écrit, des détails qui exigent de l'ordre dans les matières ? Vous désirez un tableau où les scènes dont je vous ai entretenu, où celles dont nous avons été acteurs, ne perdent rien de leur lasciveté ;

que les raisonnemens métaphysiques conservent toute leur énergie ? En vérité, mon cher Comte, cela me paraît au-dessus de mes forces. D'ailleurs, Eradice a été mon amie ; le père Dirrag fut mon directeur ; je dois des sentimens de reconnoissance à madame C... et à l'abbé T.... Trahirai-je la confiance des gens à qui j'ai les plus grandes obligations, puisque ce sont les actions des uns et les sages réflexions des autres qui, par gradation, m'ont dessillé les yeux sur les préjugés de ma jeunesse ; mais si l'exemple, dites-vous, et le raisonnement ont fait votre bonheur, pourquoi ne pas tâcher de contribuer à celui des autres par les mêmes voies, par l'exemple et par le raisonnement ? Pourquoi craindre d'écrire des vérités utiles au bien de la société ? Eh bien ! mon cher bienfaiteur, je ne résiste plus : écrivons ; mon ingénuité me tiendra lieu d'un style épuré chez les personnes qui pensent, et je crains peu les sots. Non ; vous n'essuierez jamais un refus de votre tendre Thérèse : vous verrez tous les replis de sa plus tendre enfance : son âme toute entière va se développer dans les détails des petites aventures qui l'ont conduite, comme malgré elle, pas à pas, au combls de la volupté.

Imbécilles mortels ! vous croyez être maîtres d'éteindre les passions que la Nature a mise dans vous ! Elles sont l'ouvrage de Dieu. Vous voulez les détruire, ces passions, et les restreindre à de certaines bornes. Hommes insensés ! vous prétendez donc être des seconds créateurs, plus puissans que le premier ? Ne verrez-vous jamais que tout est ce qu'il doit être, et que tout est bien ; que tout est de Dieu, rien de vous, et qu'il est aussi difficile de créer une pensée que de créer un bras ou un œil ?

Le cours de ma vie est une preuve incontestable de ces vérités. Dès ma plus tendre enfance, on ne m'a parlé que d'amour pour la vertu et d'horreur pour le vice. « Vous ne serez heu— » reuse, qu'autant que vous pratiquerez les » vertus chrétiennes et morales. Tout ce qui » s'en éloigne est le vice ; le vice nous attire le » mépris, et le mépris engendre la honte et les » remords, qui en sont une suite. » Persuadée de la solidité de ces leçons, j'ai cherché de bonne foi, jusqu'à l'âge de vingt-cinq ans, à me conduire d'après ces principes: nous allons voir comment j'ai réussi.

Je suis née dans la province de Vencerop. Mon père était un bon bourgeois, négociant de...., petite ville jolie, où tout inspire la joie et le plaisir; la galanterie semble y former seule tout l'intérêt de la société. On y aime dès qu'on pense, et on n'y pense que pour se faciliter les moyens de goûter les douceurs de l'amour. Ma mère, qui était de....., ajoutoit à la vivacité de l'esprit des femmes de cette province, voisine de celle de Vencerop, l'heureux tempérament d'une voluptueuse Vencéropale. Mon père et ma mère vivoient avec économie d'un revenu modique et du produit de leur petit commerce. Leurs travaux n'avoient pu changer l'état de leur fortune : mon père payoit une jeune veuve, marchande dans son voisinage, sa maîtresse : ma mère étoit payée par son amant, gentilhomme fort riche, qui avoit la bonté d'honorer mon père de son amitié. Tout se passoit avec un ordre admirable : on savoit à quoi s'en tenir de part et d'autre, et jamais ménage ne parut plus uni.

mère, sans cesse occupée du soin de ma santé et de mon éducation, s'aperçut que je maigrissois à vue-d'œil; un habile médecin fut appelé pour être consulté sur ma maladie; j'avois un appétit dévorant, point de fièvre; je ne ressentois aucune douleur; cependant ma vivacité se perdoit, mes jambes pouvoient à peine me porter. Ma mère, craintive pour mes jours, ne me quitta plus et me fit coucher avec elle. Quelle fut sa surprise, lorsque une nuit, me voyant endormie, elle s'aperçut que j'avois la main sur la partie qui nous distingue des hommes, où, par un frottement bénin, je me procurois des plaisirs peu connus d'une fille de sept ans, et très-communs parmi celles de quinze. Ma mère pouvoit à peine croire ce qu'elle voyoit. Elle lève doucement la couverture et le drap; elle apporte une lampe qui étoit allumée dans la chambre, et, en femme prudente et connoisseuse, elle attend constamment le dénouement de mon action. Il fut tel qu'il devoit être; je m'agitai, je tressaillis, et le plaisir m'éveilla.

Ma mère, dans le premier mouvement, me

Après dix années , écoulées dans un arrangement si louable , ma mère devint enceinte ; elle accoucha de moi. Ma naissance lui donna une incommodité qui fut peut-être plus terrible pour elle que ne l'eût été la mort même. Un effort, dans l'accouchement, lui causa une rupture qui la mit dans la dure nécessité de renoncer pour toujours aux plaisirs qui m'avoient donné l'existence.

Tout changea de face dans la maison paternelle. Ma mère devint devote ; le père gardien des capucins remplaça les visites assidues de M. le marquis de ***, qui fut congédié. Le fonds de tendresse de ma mère ne fit que changer d'objet ; elle donna à Dieu, par nécessité, ce qu'elle avoit donné au marquis par goût et par tempérament.

Mon père mourut, et me laissa au berceau. Ma mère, je ne sais par quelle raison, fut s'établir à Volnet, port de mer célèbre. De la femme la plus galante, elle étoit devenue la plus sage , et peut-être la plus vertueuse qui fut jamais.

J'avois à peine sept ans, lorsque cette tendre

gronda de la bonne sorte ; elle me demanda de qui j'avois appris les horreurs dont elle venoit d'être témoin ; je lui répondis , en pleurant , que j'ignorois en quoi j'avois pu la fâcher ; que je ne savois ce qu'elle vouloit me dire par les termes d'ATTOUCHEMENT , d'IMPUDICITÉ , de PÉCHÉ MORTEL, dont elle se servoit. La naïveté de mes réponses la convainquit de mon innocence, et je me rendormis ; nouveaux chatouillemens de ma part, nouvelles plaintes de celle de ma mère. Enfin, après quelques nuits d'observations attentives, on ne douta plus que ce fût la force de mon tempérament qui me faisoit faire , en dormant , ce qui sert à soulager tant de pauvres religieuses en veillant. On prit le parti de me lier étroitement les mains, de manière qu'il me fut impossible de continuer mes amusemens nocturnes.

Je recouvrai ma santé et ma première vigueur. L'habitude se perdit, mais le tempérament augmenta. A l'âge de neuf à dix ans, je sentois une inquiétude , des désirs dont je ne connoissois pas le but. Nous nous assemblions souvent, de jeunes filles et de jeunes garçons de mon âge, dans un grenier, ou dans quelque chambre écartée. Là, nous jouions à de petits jeux ; un d'entre nous étoit élu le maître d'école, la moindre faute étoit punie par le fouet. Les garçons défaisoient leurs culottes, les filles troussaient jupes et chemises, on se regardoit attentivement ; vous eussiez vu cinq à six petits culs admirés . caressés et fouettés tour-à-tour. Ce que nous appelions la GUIGUI des garçons, nous servoit de jouet ; nous passions et repassions cent fois la main dessus, nous la pressions à pleine main, nous en faisions des poupées, nous baisions ce petit instrument, dont nous étions bien éloignées de connoître l'usage et le prix ; nos petites fesses étoient baisées à leur tour ; il n'y avoit que le centre des plaisirs qui étoit négligé ; pourquoi cet oubli ? je l'ignore ; mais tels étoient nos jeux, la simple Nature les dirigeoit, une exacte vérité me le dicte.

Après deux années passées dans ce libertinage innocent, ma mère me mit dans un couvent ; j'avois alors environ onze ans. Le premier soin de la supérieure fut de me disposer à faire ma

Pl. 2.

T.I.
P. 12.

première confession. Je me présentai à ce tribunal, sans crainte, parce que j'étois sans remords. Je débitai au vieux gardien des capucins, directeur de conscience de ma mère, qui
m'écoutoit, toutes les fadaises, les pécadilles
d'une fille de mon âge. Après m'être accusée
des fautes dont je me croyois coupable ; «Vous
» serez un jour une sainte, me dit ce bon Père,
» si vous continuez de suivre, comme vous
» avez fait, les principes de vertu que votre
» mère vous inspire ; évitez surtout d'écouter
» le démon de la chair ; je suis le confesseur
» de votre mère, elle m'avoit alarmé sur le
» goût qu'elle vous croit pour l'impureté, le
» plus infâme des vices ; je suis bien aise
» qu'elle se soit trompée dans les idées qu'elle
» avoit conçues de la maladie que vous avez
» eue il y a quatre ans ; sans ses soins, mon
» cher enfant, vous perdiez votre corps et
» votre âme. Oui, je suis certain, présente—
» ment, que les attouchemens dans lesquels
» elle vous a surprise n'étoient pas volontaires,
» et je suis convaincu qu'elle s'est trompée

Tome I.   B

» dans la conclusion qu'elle en a tirée pour
» votre salut. »

Alarmée de ce que me disoit mon confesseur,
je lui demandai ce que j'avois donc fait, qui
eût du donner à ma mère une si mauvaise idée
de moi. Il ne fit aucune difficulté de m'apprendre , dans les termes les plus mesurés, ce
qui s'étoit passé ; et les précautions que ma
mère avoit prises pour me corriger d'un défaut
dont il étoit à désirer , disoit-elle , que je ne
connusse jamais les conséquences.

Ces réflexions m'en firent faire insensiblement sur nos amusemens du grenier dont je
viens de parler. La rougeur me couvrit le visage , je baissai les yeux comme une personne
honteuse, interdite, et je crus apercevoir pour
la première fois , du crime dans nos plaisirs.
Le Père me demanda la cause de mon silence et
de ma tristesse ; je lui dis tout. Quels détails
n'exigea-t-il pas de moi ? Ma naïveté sur les
termes , sur les attitudes et sur le genre des
plaisirs dont je convenois , servit encore à le
persuader de mon innocence. Il blâma ces jeux

avec une prudence peu commune aux ministres de l'Eglise ; mais ses expressions désignèrent assez l'idée qu'il concevoit de mon tempérament. Le jeûne, la prière, la méditation, le cilice, furent les armes dont il m'ordonna de combattre par la suite mes passions.

» Ne portez jamais, me dit-il, la main ni
» même les yeux sur cette partie infâme par
» laquelle vous pissez, qui n'est autre chose
» que la pomme qui a séduit Adam, et qui a
» opéré la condamnation du genre humain par
» le péché originel ; elle est habitée par le
» démon, c'est son séjour. c'est son trône,
» évitez de vous laisser surprendre par cet
» ennemi de Dieu et des hommes. La Nature
» couvrira bientôt cette partie d'un vilain poil
» tel que celui qui sert de couverture aux
» bêtes féroces, pour marquer par cette puni-
» tion, que la honte, l'obscurité et l'oubli
» doivent être son partage. Gardez-vous en-
» core avec plus de précaution, de ce morceau
» de chair des jeunes garçons de votre âge,
» qui faisoit votre amusement dans ce grenier ;
» c'est le serpent, ma fille, qui tenta Eve

» notre mère commune. Que vos regards et
» vos attouchemens ne soient jamais souillés
» par cette vilaine bête, elle vous piqueroit et
» vous dévoreroit tôt ou tard. »

Quoi ! seroit-il bien possible, mon père, repris-je toute émue, que ce soit là un serpent, et qu'il soit aussi dangereux que vous le dites ! Hélas ! il m'a paru si doux ! il n'a mordu aucune de mes compagnes, je vous assure qu'il n'avoit qu'une très-petite bouche et point de dents, je l'ai bien vu....

« Allons, mon enfant, dit mon confesseur
» en m'interrompant, croyez ce que je vous
» dis : les serpens que vous avez eu la témé-
» rité de toucher étoient encore trop jeunes,
» trop petits, pour opérer les maux dont ils
» sont capables ; mais ils s'allongeront, gros-
» siront, et s'élanceront contre vous : c'est
» alors que vous devez redouter l'effet du ve-
» nin qu'ils ont coutume de darder avec une
» sorte de fureur, et qui empoisonneroit vo-
» tre corps et votre âme. »

Enfin, après quelqu'autre leçon de cette espèce, le bon Père me congédia, en me laissant

dans une étrange perplexité. Je me retirai dans ma chambre , l'imagination frappée de ce que je venais d'entendre , mais bien plus affectée de l'idée de l'aimable serpent que de celle des remontrances et des menaces qui m'avoient été faites à son sujet. Néanmoins j'exécutai de bonne foi ce que j'avois promis, je résistai aux efforts de mon tempérament, et je devins un exemple de vertu.

Que de combats , mon cher Comte, il m'a fallu rendre jusqu'à l'âge de vingt-cinq ans , temps auquel ma mère me retira de ce maudit couvent ! J'en avois à peine seize , lorsque je tombai dans un état de langueur qui étoit le fruit de mes méditations ; elles m'avoient fait apercevoir sensiblement deux passions dans moi, qu'il m'étoit impossible de concilier. D'un côté j'aimois Dieu de bonne foi, je désirois de tout mon cœur de le servir de la manière dont on m'assuroit qu'il vouloit être servi. D'autre côté , je sentois des désirs violens dont je ne pouvois démêler le but. Ce serpent charmant se peignoit sans cesse dans mon âme , et s'y arrêtoit malgré moi , soit en m'éveillant, ou en dormant, quelquefois, toute émue, je croyois y porter la main, je le caressois, j'admirois son air noble, altier, sa fermeté, quoique j'en ignorasse encore l'usage ; mon cœur battait avec une vîtesse étonnante, et dans le fort de mon extase ou de mon rêve, toujours marqué par un frémissement de volupté, je ne me connoissois presque plus, ma main se trouvoit saisie de la pomme, mon doigt remplaçoit le serpent. Excitée par les avant-coureurs du plaisir, j'étois incapable d'aucune autre réflexion ; l'enfer ouvert sous mes yeux n'auroit pas eu le pouvoir de m'arrêter : remords impuissans ! je mettois le comble à la volupté.

Que de trouble ensuite ! le jeûne, le cilice, la méditation, étoient ma ressource : je fondois en larmes. Ces remèdes, en détraquant la machine, me guérirent à la vérité tout-à-coup de ma passion ; mais ils ruinèrent ensemble mon tempérament et ma santé : je tombai enfin dans un état de langueur, qui me conduisoit visiblement au tombeau, lorsque ma mère me retira du couvent.

Répondez, théologiens fourbes ou ignorans,

qui créez nos crimes à votre gré : qui est-ce qui avoit mis en moi les deux passions dont j'étois combattue, l'AMOUR DE DIEU et CELUI DU PLAISIR DE LA CHAIR ? Est-ce la Nature ou le diable ? optez. Mais oseriez-vous avancer que l'un et l'autre soient plus puissans que Dieu ? S'ils lui sont subordonnés, c'est donc Dieu qui avoit permis que ces passions fussent en moi ; c'étoit son ouvrage. Mais, replique-rez-vous, Dieu vous a donné la raison pour vous éclairer. Oui, mais non pas pour me dé-cider. La raison m'avoit bien fait apercevoir les deux passions dont j'étois agitée : c'est par elle que j'ai conçu par la suite, que, tenant tout de Dieu, je tenois de lui ces passions dans toute la force où elles étoient ; mais cette même raison qui m'éclairoit, ne me décidoit point. Dieu, cependant, continuerez-vous, vous ayant laissée maîtresse de votre volonté, vous étiez libre de vous déterminer pour le bien ou pour le mal ? Pur jeu de mots. Cette volonté et cette prétendue liberté n'ont de dé-grés de force, n'agissent que conséquemment aux degrés de forces des passions et des appétits qui nous sollicitent. Je parois, par exemple, être libre de me tuer, de me jeter par la fenêtre. Point du tout; dès que l'envie de vivre est plus forte en moi que celle de mourir, je ne me tuerai jamais. Tel homme, direz-vous, est bien le maître de donner aux pauvres, à son indulgent confesseur, cent louis d'or qu'il a dans sa poche. Il ne l'est point, l'envie qu'il a de conserver son argent étant plus forte que celle d'obtenir une absolution inutile de ses péchés, il gardera nécessairement son argent. Enfin, chacun peut se démontrer à soi-même que la raison ne sert qu'à faire connoître à l'homme quel est le degré d'envie qu'il a de faire ou d'éviter telle ou telle chose, combiné avec le plaisir et le déplaisir qui doit lui en revenir. De cette connoissance acquise par la raison, il en résulte ce que nous appelons *la* VOLONTÉ, *la* DÉTERMINATION. Mais cette volonté et cette détermination sont aussi parfaitement soumises aux degrés de passions ou de désirs qui nous agitent, qu'un poids de quatre livres détermine nécessairement le côté d'une balance qui n'a que deux livres à soulever dans un autre bassin.

Mais, me dira un raisonneur qui n'aperçoit que l'écorce, ne suis-je pas libre de boire à mon dîner une bouteille de vin de Bourgogne ou de Champagne ? Ne suis-je pas le maître de choisir pour ma promenade la grande allée des Tuileries, ou la terrasse des Feuillans ?

Je conviens que dans tous les cas où l'âme est dans une indifférence parfaite sur sa détermination ; que dans les circonstances où les désirs de faire telle ou telle chose sont dans une balance égale, mais en un juste équilibre, nous ne pouvons pas apercevoir ce défaut de liberté : c'est un lointain dans lequel nous ne discernons plus les objets ; mais rapprochons-les un peu de ces objets, nous apercevrons bientôt distinctement le mécanisme des actions de notre vie, et dès que nous en connoîtrons une, nous les connoîtrons toutes, puisque la Nature n'agit que par un même principe.

Notre raisonneur se met à table, on lui sert des huîtres ; ce mets le détermine pour le vin de Champagne. Mais, dira-t-on, il étoit libre de choisir le Bourgogne. Je dis que non : il est bien vrai qu'un autre motif, qu'une autre envie

plus puissante que la première, pouvoit le déterminer à boire de ce dernier vin : eh bien !
en ce cas, cette dernière envie auroit également
contraint sa prétendue liberté,

Notre même raisonneur, en entrant aux Tuileries, aperçoit une jolie femme de sa connoissance sur la terrasse des Feuillans ; il se détermine à la joindre , à moins que quelqu'autre
raison d'intérêt ou de plaisir ne le conduise dans
la grande allée. Mais , de quelque côté qu'il
choisisse, ce sera toujours une raison, un désir,
qui le décidera invinciblement à prendre l'un
ou l'autre parti qui contiendra sa volonté.

Pour admettre que l'homme fût libre, il fau-
droit supposer qu'il se déterminât par lui-même ; mais s'il est déterminé par les passions
dont la Nature et les sensations l'affectent, il
n'est pas libre ; un degré de désir plus ou moins
vif le décide aussi invinciblement qu'un poids
de quatre livres en entraîne un de trois.

Je demande encore à mon dialogueur qu'il
dise qu'est-ce qui l'empêche de penser comme
moi sur la matière dont il s'agit ici, et pourquoi
je ne veux pas me déterminer à penser comme

lui sur cette même matière? Il me répondra, que ses idées, ses notions, ses sensations le contraignent de parler comme il fait. Mais de cette réflexion qui lui démontre intérieurement qu'il n'est pas maître d'avoir la volonté de penser comme moi, ni moi de penser comme lui, il faut qu'il convienne que nous ne sommes pas libres de penser de telle ou telle manière. Or, si nous ne sommes pas libres de penser, comment serions-nous libres d'agir, puisque la pensée est la cause, et que l'action n'est que l'effet; et peut-il résulter un effet LIBRE d'une cause qui n'est pas LIBRE? cela implique contradiction.

Pour achever de nous convaincre de cette vérité, aidons-nous du flambeau de l'expérience. Grégoire, Damon et Philinte, sont trois frères qui ont été élevés par les mêmes maîtres, jusqu'à l'âge de vingt-cinq ans; ils ne se sont jamais quittés, ils ont reçu la même éducation, les mêmes leçons de morale, de religion. Cependant Grégoire aime le vin, Damon aime les femmes, Philinte est dévot. Qui est-ce qui a déterminé les trois différentes volontés de ces trois frères ? Ce ne peut être ni l'acquit, ni la connoissance du bien et du mal moral, puisqu'ils n'ont reçu que les mêmes principes par les mêmes maîtres : chacun d'eux avoit donc en lui différens principes, différentes passions qui ont décidé ces diverses volontés, malgré l'uniformité des connoissances acquises.

Je dis plus : Grégoire, qui aimait le vin, étoit le plus honnête homme, le plus sociable, le meilleur ami lorsqu'il n'avoit pas bu; mais dès qu'il avoit goûté de cette liqueur enchanteresse, il devenoit médisant, calomniateur, querelleur, il se seroit coupé la gorge par goût avec son ami. Or, Grégoire étoit-il maître de ce changement de volonté qui se faisoit tout-à-coup en lui? Non ? sûrement, puisque de sang-froid, il détestoit les actions qu'il avoit été forcé de commettre dans le vin. Quelques sots cependant admiroient l'esprit de continence dans Grégoire, qui n'aimoit pas les femmes ; la sobriété de Damon, qui n'aimoit point le vin, et la piété de Philinte, qui n'aimoit ni les femmes ni le vin, mais qui jouissoit du même plaisir que les deux premiers, par son goût pour la dévotion. C'est ainsi que la plupart des hommes sont dupes de l'idée qu'ils ont des vices et des vertus humaines.

Concluons. L'arrangement des organes, les dispositions des fibres, un certain mouvement des liqueurs, donnent le genre des passions ; les degrés de force dont elles nous agitent, contraignent la raison, déterminent la volonté dans les plus petites comme dans les plus grandes actions de notre vie. C'est ce qui fait l'homme passionné, l'homme sage, l'homme fou. Le fou n'est pas moins libre que les deux premiers, lorsqu'il agit par les mêmes principes ; la Nature est uniforme. Supposer que l'homme est libre, et qu'il se détermine par lui-même, c'est le faire égal à Dieu.

Revenons à ce qui me regarde. J'ai dit qu'à vingt-cinq ans ma mère me retira presque mourante du couvent où j'étois. Toute la machine languissoit, mon teint étoit jaune, mes lèvres livides ; je ressemblois à un squelette vivant. Enfin la dévotion allait me rendre homicide de moi-même, lorsque je rentrai dans

la maison de ma mère. Un habile médecin envoyé de sa part à mon couvent, avait connu
d'abord le principe de ma maladie. Cette liqueur divine, qui nous procure le seul plaisir physique, le seul qui se goûte sans amer-
tume ; cette liqueur, dis-je, dont l'écoule-
ment est aussi nécessaire à certains tempé-
ramens, que celui qui résulte des alimens qui
nous nourrissent, avoit reflué des vaisseaux qui
lui sont propres, dans d'autres qui lui étoient
étrangers ; ce qui avoit jeté le désordre dans
toute la machine.

On conseilla à ma mère de me chercher un
mari, comme le seul remède qui pût me sau-
ver la vie. Elle m'en parla avec douceur ; mais
infatuée que j'étois de mes préjugés, je lui
répondis, sans ménagement, que j'aimois
mieux mourir que de déplaire à Dieu par un
état aussi méprisable, qu'il ne toléroit que
par un effet de sa bonté. Tout ce qu'elle put
me dire ne m'ébranla point ; la Nature affoi-
blie ne me laissoit aucune espèce de désirs pour
ce monde, je n'envisageois que le bonheur
qu'on m'avoit promis dans l'autre.

Je continuois donc mes exercices de piété avec toute la ferveur imaginable. On m'avoit beaucoup parlé du fameux père Dirrag; je voulois le voir, il devint mon directeur; et mademoiselle Eradice, sa plus tendre pénitente, fut bientôt ma meilleure amie.

Vous connoissez, mon cher Comte, l'histoire de ces deux célèbres personnages, je n'entreprends point de vous répéter tout ce que le public en sait et en a dit; mais un trait singulier, dont j'ai été témoin, pourra vous amuser, et servir à vous convaincre que, s'il est vrai que mademoiselle Eradice se soit enfin livrée avec connoissance de cause aux embrassemens de ce caffard, il est du moins certain qu'elle a été long-temps la dupe de sa sainte lubricité.

Mademoiselle Eradice avoit pris pour moi l'amitié la plus tendre, elle me confioit ses plus secrètes pensées; la conformité d'humeur, de pratiques de piété, peut-être même de tempérament, qui étoit entre nous, nous rendoit inséparables. Toutes deux vertueuses, notre passion dominante étoit d'avoir la réputation d'être saintes, avec une envie dé-mesurée de parvenir à faire des miracles. Cette passion la dominoit si puissamment, qu'elle eût souffert avec une constance digne des martyrs, tous les tourmens imaginables, si on lui eût persuadé qu'ils pouvoient lui faire ressuciter un second Lazare; et le père Dirrag avoit par-dessus tout le talent de lui faire croire tout ce qu'il vouloit.

Eradice m'avoit dit plusieurs fois, avec une sorte de vanité, que ce Père ne se communiquoit tout entier qu'à elle seule; que, dans les entretiens particuliers qu'ils avoient souvent ensemble, il l'avoit assurée qu'elle n'avoit plus que quelque pas à faire pour parvenir à la sainteté; que Dieu le lui avoit ainsi révélé dans un songe, par lequel il avoit connu clairement qu'elle étoit à la veille d'opérer les plus grands miracles, si elle continuoit de se laisser conduire par les degrés de vertu et de mortification nécessaires.

La jalousie et l'envie sont de tous les états, celui de dévote en est peut-être le plus susceptible.

Eradice s'aperçut que j'étois jalouse de son bonheur, et que même je paroissois ne pas ajouter foi à ce qu'elle me disoit. Effectivement, je lui témoignois d'autant plus de surprise de ce qu'elle m'apprenoit de ses entretiens particuliers avec le père Dirrag, qu'il avoit toujours éludé d'en avoir de semblables avec moi dans la maison d'une de ses pénitentes , mon amie , qui étoit stigmatisée, ainsi qu'Eradice. Sans doute que ma triste figure, et que mon teint jaunâtre n'avoient pas paru au révérend Père être pour lui un restaurant propre à exciter le goût nécessaire à ses travaux spirituels. J'étois piquée au jeu, point de stigmates, point d'entretien particulier pour moi ! Mon humeur perça , j'affectai de paroître ne rien croire.

Eradice , d'un air ému , m'offrit de me rendre, dès le lendemain matin , témoin oculaire de son bonheur. Vous verrez, me dit-elle avec feu , quelle est la force de mes exercices spirituels, par quels degrés de pénitence le bon Père me conduit à devenir une grande sainte; et vous ne douterez plus des extases, des ravis

B 2

semens , qui sont une suite de ces mêmes exercices. Que mon exemple , ma chère Thérèse ,
ajouta-t-elle en se radoucissant, ne peut-il
opérer dans vous, pour premier miracle , la
force de détacher entièrement votre esprit de la
matière par la grande vertu de la méditation ,
pour ne le mettre qu'en Dieu seul!

Je me rendis le lendemain, à cinq heures du
matin , chez Eradice , comme nous en étions
convenues. Je la trouvai en prière, un livre à
la main. Le saint homme va venir, me dit-elle,
et Dieu avec lui : cachez-vous dans un petit cabinet, d'où vous pourrez entendre et voir jusqu'où la bonté divine veut bien s'étendre en
faveur de sa vile créature, par les soins de notre
directeur. Un instant après, on frappa doucement à la porte : je me sauvai dans le cabinet,
dont Eradice prit la clef. Un trou large comme
la main, qui étoit dans la porte de ce cabinet ,
couverte d'une vieille tapisserie de Bergame
très-claire, me laissoit voir librement la chambre en son entier, sans risquer d'être aperçue.

Le bon père entra. « Bon jour, ma chère
» sœur en Dieu, lui dit-il, que le Saint-Esprit

» et saint François soient avec vous ! » Elle
voulut se jeter à ses pieds, mais il la releva et la
fit asseoir auprès de lui. « Il est nécessaire, lui
» dit le saint homme, que je vous répète les
» principes sur lesquels vous devez vous guider
» dans toutes les actions de votre vie : mais
» parlez-moi auparavant de vos stigmates ;
» celui que vous avez sur la poitrine, est-il
» toujours dans le même état ? voyons un peu. »
Eradice se mit d'abord en devoir de découvrir
son téton gauche, au-dessus duquel il étoit.
» Ah ! ma sœur, arrêtez ; couvrez votre sein
» avec un mouchoir (il lui en tendoit un), de
» pareilles plaies ne sont pas faites pour un
» membre de notre société : il suffira que je
» voie la plaie que St.-François y a imprimée.
» Ah ! il subsiste : bon, dit-il je suis content.
» St.-François vous aime toujours ; la plaie
» est vermeille et pure : j'ai eu soin d'apporter
» avec moi le saint morceau de cordon ;
» nous en aurons besoin à la suite de nos exer-
» cices. Je vous ai déjà dit, ma sœur, conti-
» nua-t-il, que je vous distinguois de toutes
» mes pénitentes, vos compagnes , parce que

» je vois que Dieu vous distingue lui-même de
» son saint troupeau, comme le soleil se dis-
» tingue de la lune et des autres planètes.
» C'est pour cela que je n'ai pas craint de
» vous révéler ses mystères les plus cachés.
» Je vous l'ai dit, ma chère sœur, OUBLIEZ-
» VOUS ET LAISSEZ FAIRE. Dieu ne veut des
» hommes que le cœur et l'esprit. C'est en ou-
» bliant le corps qu'on parvient à Dieu, à
» devenir sainte, à opérer des miracles. Je ne
» puis vous dissimuler, mon petit ange, que
» dans notre dernier exercice, j'ai aperçu que
» votre esprit tenoit encore à la chair. Quoi !
» ne pouvez-vous imiter en partie ces bienheu-
» reux martyrs qui ont été flagellés, tenaillés,
» rôtis, sans souffrir la moindre douleur, parce
» que leur imagination étoit tellement occupée
» de la gloire de Dieu, qu'il n'y avoit dans eux
» aucune particule d'esprit qui ne fût em-
» ployée à cet objet? C'est un mécanisme cer-
» tain ; nous sentons et nous n'avons d'idée du
» bien et du mal physique, comme du bien et
» du mal moral, que par la voie des sens. Dès
» que nous touchons, que nous entendons,

» que nous voyons, etc. un objet, des parti-
» cules d'esprit se coulent dans les petites ca-
» vités des nerfs qui vont en avertir l'âme. Si
» vous avez assez de ferveur pour rassembler,
» par la force de la méditation sur l'amour que
» vous devez à dieu, toutes les particules d'es-
» prits qui sont en les appliquant toutes à cet
» objet, il est certain qu'il n'en restera aucune
» pour avertir l'âme des coups que votre chair
» recevra ; vous ne les sentirez pas. Voyez ce
» chasseur, l'imagination remplie du plaisir de
» forcer le gibier qu'il poursuit, il ne sent ni
» les ronces, ni les épines dont il est déchiré
» en perçant les forêts. Plus foible que lui, dans
» un objet mille fois plus intéressant, sentirez-
» vous de foibles coups de discipline, si votre
» âme est fortement occupée du bonheur qui
» vous attend ? Telle est la pierre de touche qui
» nous conduit à faire des miracles ; tel doit
» être l'état de réflexion qui nous unit à Dieu.
» Nous allons commencer, ma chère fille ; rem-
» plissez vos devoirs, et soyez sûre qu'avec
» l'aide du cordon de saint François et votre mé-
» ditation, ce pieux exercice finira par un tor-

» rent de délices inexprimables. Mettez-vous à
» genoux, mon enfant, et découvrez ces parties
» de la chair qui sont les motifs de la colère de
» Dieu : la mortification qu'elles éprouveront
» unira intimement votre esprit à lui. Je vous
» le répète, oubliez-vous et laissez faire. »

Mademoiselle Eradice obéit aussitôt, sans répliquer. Elle se mit à genoux sur un prie-dieu, un livre devant elle; puis levant ses jupes et sa chemise jusqu'à la ceinture, elle laissa voir des fesses blanches comme la neige et d'un ovale parfait, soutenues de deux cuisses d'une proportion admirable. Levez plus haut votre chemise, lui dit-il, elle n'est pas bien : là ; c'est ainsi. Joignez présentement les mains et élevez votre âme à Dieu, remplissez votre esprit de l'idée du bonheur éternel qui vous est promis. Alors le Père approcha un tabouret, sur lequel il se mit à genoux derrière, et un peu à côté d'elle. Sous sa robe, qu'il releva et qu'il passa dans sa ceinture, étoit une grosse et longue poignée de verges, qu'il présenta à baiser à sa pénitente.

Attentive à l'événement de cette scène, j'étois

Pl. 3.

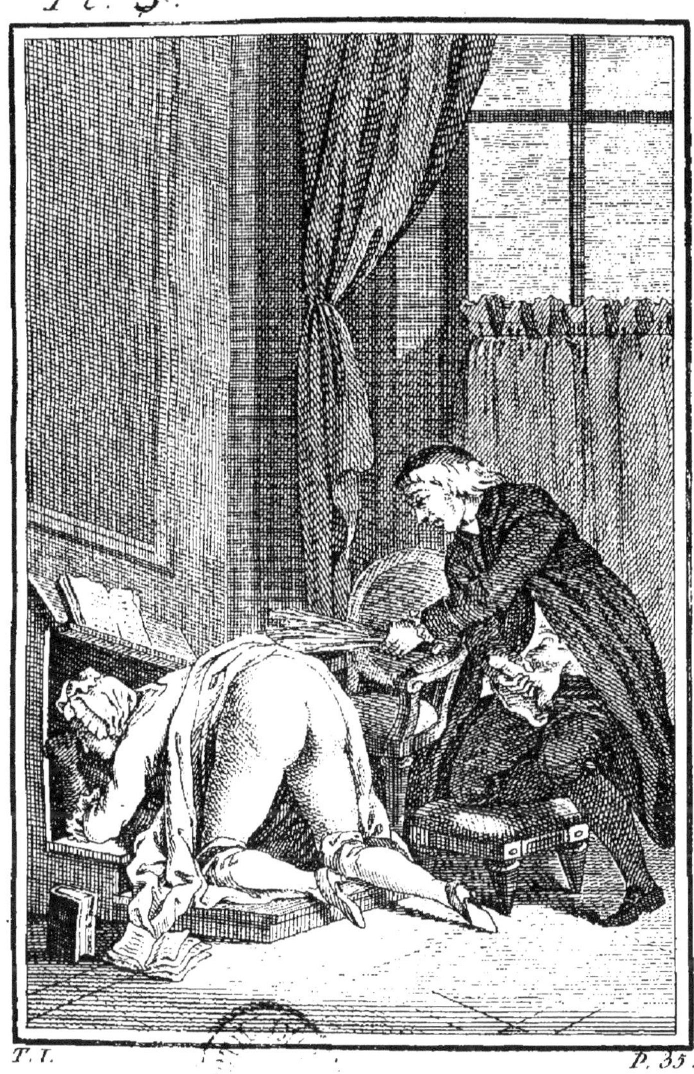

T. I.   P. 35.

remplie d'une sainte horreur ; je sentois une
sorte de frémissement que je ne puis décrire.
Eradice ne disoit mot. Le père parcouroit, avec
des yeux pleins de feu, les fesses qui lui ser-
voient de perspective ; et comme il avoit ses regards fixés sur elles, j'entrouïs qu'il disoit à
basse voix, d'un ton d'admiration : Ah! la belle
gorge! quels tétons charmans! Puis il se bais-
soit, se relevoit par intervalles en marmottant
quelques versets. Rien n'échappoit à sa lubricité. Après quelques minutes, il demanda à sa
pénitente si son âme étoit entrée en contemplation? Oui, mon révérend Père, lui dit-elle ; je
sens que mon esprit se détache de la chair, et
je vous supplie de commencer le saint œuvre.
Cela suffit, reprit le Père, votre esprit va être
content. Il récita encore quelques prières, et la
cérémonie commença par trois coups de verges
qu'il lui appliqua assez légèrement sur le derrière. Ces trois coups furent suivis d'un verset
qu'il récita, et successivement de trois autres
coups de verges un peu plus forts que les premiers. Après cinq à six versets récités et inter-
rompus par cette sorte de diversion, quelle fut

ma surprise, lorsque je vis, le père Dirrag dé-
boutonnant sa culotte, donner l'essor à un trait
enflammé qui étoit semblable à ce serpent fatal
qui m'avoit attiré les reproches de mon ancien
directeur ! Ce monstre avait acquis la longueur
la grosseur et la fermeté prédite par le capucin;
il me faisoit frissonner. Sa tête rubiconde paroissoit menacer les fesses d'Eradice, qui étoient
devenues du plus bel incarnat : le visage du
Père étoit tout en feu. Vous devez être présentement, dit-il dans l'état le plus parfait de contemplation : votre âme doit être détachée des
sens. Si ma fille ne trompe pas mes saintes espérances, elle ne voit plus. n'entend plus, ne
sent plus. Dans ce moment ce bourreau fit
tomber une grêle de coups sur toutes les parties
du corps d'Eradice qui étoient à découvert. Cependant elle ne disoit mot, elle sembloit être
immobile, insensible à ces terribles coups, et
je ne distinguois simplement dans elle qu'un
mouvement convulsif de ses deux fesses, qui
se serroient à chaque instant. Je suis content
de vous, lui dit-il, après un quart-d'heure de
cette cruelle discipline ; il est temps que vous

commenciez à jouir du fruit de vos saints travaux : ne m'écoutez pas, ma chère fille , mais
laissez-vous conduire ; prosternez votre face
contre terre ; je vais , avec le vénérable cordon de St. François , chasser tout ce qui reste
d'impur au-dedans de vous.

Le bon Père la plaça en effet dans une attitude humiliante, à la vérité, mais aussi la plus
commode à ses desseins. Jamais on ne l'a pré-
sentée plus commode ; ses fesses étoient entre
ouvertes, et on découvroit en entier la double
route des plaisirs.

Après un instant de contemplation de la part
du caffard, il humecta de salive ce qu'il appeloit
le cordon , et en proférant quelques paroles ,
d'un ton qui sentoit l'exorcisme d'un prêtre qui
travaille à chasser le diable du corps d'un dé-
moniaque, sa Révérence commença par son
intromission.

J'étois placée de manière à ne pas perdre la
moindre circonstance de cette scène : les fenê-
tres de la chambre où elle se passoit faisoient
face à la porte du cabinet dans lequel j'étois
renfermée. Eradice étoit placée à genoux sur

Tome I.   D

le plancher, les bras croisés sur le marche-pied de son prie-dieu, et la tête appuyée sur ses bras : sa chemise, bien relevée jusqu'à la ceinture, me laissoit voir à demi-profil des fesses et une chute de reins admirables. Cette luxurieuse perspective fixoit l'attention du très-révérend Père, qui s'étoit mis lui-même à genoux, les cuisses de sa pénitente placées entre les siennes, ses culottes basses, son cordon à la main, marmottant quelques mots mal articulés. Il reste pendant quelques instans dans cette édifiante attitude, parcourant l'autel avec des regards enflammés, et paroissant indécis sur la nature du sacrifice qu'il alloit offrir. Deux embouchures se présentoient, il les dévoroit des yeux, embarrassé sur le choix : l'un étoit un friand morceau pour un homme de sa robe; mais il avoit promis du plaisir, de l'extase à sa pénitente; comment faire? il osa diriger plusieurs fois la tête de son instrument sur la porte favorite à laquelle il heurtoit légèrement; mais enfin la prudence l'emporta sur le goût. Je lui dois cette justice, je vis distinctement le rubicond Priape de sa révérence, enfiler la route

Pl. 4.

II.

canonique, après en avoir entrouvert délicate-
ment les lèvres vermeilles avec le pouce et l'in-
dex de chaque main. Ce travail fut d'abord en-
tamé par trois vigoureuses secousses , qui en
firent entrer près de moitié : alors tout–à–coup
la tranquillité apparente du Père se changea en
une espèce de fureur. Quelle physionomie, bon
Dieu ! Figurez-vous un satyre, les lèvres char-
gées d'écume , la bouche béante, grinçant par-
fois les dents, soufflant comme un taureau qui
mugit : ses narines étoient enflées et agitées ; il
soutenoit ses mains élevées à quatre doigts de la
croupe d'Eradice, sur laquelle on voyoit qu'il
n'osoit les appliquer pour y prendre un point
d'appui ; ses doigts écartés étoient en convul-
sion , et se formoient en patte de chapon rôti.
Sa tête étoit baissée, et ses yeux étincelans res-
toient fixés sur le travail de la cheville ouvrière,
dont il compassoit les allées et les venues , de
manière que, dans le mouvement de rétroaction
elle ne sortît pas de son fourreau, et que, dans
celui d'impulsion, le ventre n'appuyât pas aux
fesses de la pénitente , laquelle, par réflexion,
auroit pu deviner où tenoit le prétendu cordon.

(40)

Quelle présence d'esprit ! je vis qu'environ la longueur d'un travers de pouce du saint instrument fut constamment réservée au-dehors, et n'eut point de part à la fête ; je vis qu'à chaque mouvement que le croupion du Père faisoit en arrière, par lequel le cordon se retiroit de son gîte jusqu'à la tête, les lèvres de la partie d'Eradice s'entr'ouvroient et paroissoient d'un incarnat si vif, qu'elles charmoient la vue; je vis que, lorsque le Père, par un mouvement opposé, poussoit en avant, ces mêmes lèvres, dont on ne voyoit plus alors que le petit poil noir qui les couvroit, serroient si exactement la flèche, qui y sembloit comme engloutie, qu'il eût été difficile de deviner auquel des deux acteurs appartenoit cette cheville, par laquelle ils paroissoient l'un et l'autre également attachés.

Quel mécanique ! quel spectacle ! mon cher Comte, pour une fille de mon âge, qui n'avoit aucune connoissance de ce genre de mystère ! Que d'idées différentes me passèrent dans l'esprit, sans pouvoir me fixer à aucune ; il me souvient seulement que vingt fois je fus sur le point de m'aller jeter aux genoux de ce célèbre

(41)

directeur, pour le conjurer de me traiter comme mon amie. Étoit-ce mouvement de dévotion? étoit-ce mouvement de concupiscence ? c'est ce qu'il m'est encore impossible de pouvoir bien démêler.

Revenons à nos acolytes. Les mouvemens du Père s'accélérèrent ; il avoit peine à garder l'équilibre. Sa posture étoit telle, qu'il formoit à-peu-près, de la tête aux genoux, une S dont le ventre alloit et venoit horizontalement aux fesses d'Eradice. La partie de celle-ci, qui servoit de canal à la cheville oüvrière, dirigeoit tout le travail ; et deux énormes verrues qui pendoient entre les cuisses de sa Révérence, sembloient en être comme les témoins. Votre esprit est-il content, ma petite sainte, dit-il en poussant une sorte de soupir ? Pour moi je vois les cieux ouverts, la grâce suffisante me transporte, je.... Ah ! mon père, s'écria Eradice, quel plaisir m'aiguillonne ! Oui, je jouis du bonheur céleste ; je sens que mon esprit est entièrement détaché de la matière; chassez, mon père, tout ce qu'il y a d'impur dans moi. Je vois.... les.... an.... ges ; poussez plus avant....

poussez donc.... Ah!.... ah!.... bon.... saint François! ne m'abandonnez pas; je sens le cor... le cor... le cordon .. je n'en puis plus... je me meurs.

Le Père, qui sentoit également les approches du souverain plaisir, bégayoit, poussoit, souffloit, haletoit. Enfin, les dernières paroles d'Eradice furent le signal de sa retraite: je vis le fier serpent devenu humble, sortir couvert d'écume de son étui.

Tout fut promptement remis dans sa place, et le Père, en laissant tomber sa robe, gagna à pas chancelans le prie-dieu qu'Eradice avoit quitté. Là, feignant de se mettre en oraison, il ordonna à sa pénitente de se lever, de se couvrir, puis de venir se joindre à lui pour rémercier le Seigneur des faveurs qu'elle venoit d'en recevoir.

Que vous dirai-je enfin, mon cher Comte? Dirrag sortit, et Eradice, qui m'ouvrit la porte du cabinet, me sauta au cou en m'abordant. Ah! ma chère Thérèse, me dit-elle; prends part à ma félicité: oui, j'ai vu le paradis ouvert; j'ai participé au bonheur des anges. Que de plaisirs, pour un moment de peines! Par la vertu du saint cordon, mon âme étoit presque détachée de la matière. Tu as pu voir par où notre bon directeur l'a introduit dans moi. Eh bien! je t'assure que je l'ai senti pénétrer jusqu'à mon cœur ; un degré de ferveur de plus, n'en doute point, je passois à jamais dans le séjour des bienheureux.

Eradice me tint mille autres discours avec un ton, avec une vivacité, qui né purent me laisser douter de la réalité du bonheur suprême dont elle avoit joui. J'étois si émue, qu'à peine lui répondis-je pour la féliciter ; mon cœur étant dans la plus vive agitation, je l'embrassai et je sortis.

Que de réflexions sur l'abus qui se fait des choses les plus respectables établies dans la société! Avec quel art ce pénaillon conduit sa pénitente à ses fins impudiques! il lui échauffe l'imagination sur l'envie d'être sainte, il lui persuade qu'on n'y parvient qu'en détachant l'esprit de la chair. Delà il conduit à la nécessité d'en faire l'épreuve par une vigoureuse discipline : cérémonie qui étoit sans doute un

restaurant du goût ?. caffard , propre à ré-
veiller l'élasticité usée ☞ son nerf érecteur :
« Vous ne devez rien s ntir, lui dit-il, rien
» voir, rien entendre, si votre contemplation
« est parfaite.» Par cela il s'assure qu'elle
ne tournera pas la tête, qu'elle ne verra rien de
son impudicité. Les coups de fouet qu'il lui ap-
plique sur les fesses , attirent les esprits dans
le quartier qu'il doit attaquer : ils l'échauffent ;
et enfin la ressource qu'il s'est préparée par le
cordon de saint François , qui, par son intromission, doit chasser tout ce qui reste d'impur
dans le corps de sa pénitente, le fait jouir sans
crainte des faveurs de sa docte prosélyte ; elle
croit tomber dans une extase divine, purement
spirituelle , lorsqu'elle jouit des plaisirs de la
chair les plus voluptueux.

Toute l'Europe a su l'aventure du P. Dirrag
et de mademoiselle Eradice, tout le monde en
a raisonné ; mais peu de personnes ont connu
réellement le fond de cette histoire, qui étoit
devenue une affaire de parti entre le M... et le
J..... Je ne répéterai point ici ce qui en a été
dit ; toutes les procédures vous sont connues ;

vous avez vu les *factum*, les écrits qui ont paru de part et d'autre , et vous savez quelle en a été la suite. Voici le peu que j'en sais par moi-même au-delà du fait dont je viens de vous rendre compte.

Mademoiselle Eradice est à -peu-près de mon âge. Elle est née à Volnot, fille d'un marchand, auprès duquel ma mère se logea lorsqu'elle alla s'établir dans cette ville. Sa taille est bien prise ; sa peau d'une beauté singulière , blanche à ravir : ses cheveux étoient noirs comme jai, de très-beaux yeux, un air de vierge. Nous avons été amies dans l'enfance ; mais lorsque je fus mise au couvent, je la perdis de vue. Sa passion dominante étoit de se distinguer de ses compagnes , de faire parler d'elle. Cette passion , jointe à un grand fonds de tendresse , lui fit choisir le parti de la dévotion, comme le plus propre à son projet. Elle aima Dieu comme on aime son amant. Dans le temps que je la trouvai pénitente du père Dirrag , elle ne parloit que de méditation, de contemplation, d'oraisons ; c'étoit alors le style de la gent mystique de la ville, et même de la province. Ses ma-

nières modestes lui avoient acquis depuis long-
temps la réputation d'une haute vertu. Eradice
avoit de l'esprit, mais elle ne l'appliquoit qu'à
parvenir à satisfaire l'envie démesurée qu'elle
avoit de faire des miracles ; tout ce qui flattoit
cette passion devenoit pour elle une vérité incontestable. Tels sont les foibles humains : la
passion dominante dont chacun d'eux est af-
fecté , absorbe toujours toutes les autres : ils
n'agissent qu'en conséquence de cette passion ;
elle les empêche d'apercevoir les notions les
plus claires qui devroient servir à la détruire.

Le père Dirrag étoit né à Dôde. Lors de son
aventure, il avoit environ cinquante-trois ans ;
son visage étoit tel que celui que nos peintres
donnent aux satyres. Quoique excessivement
laid, il avoit quelque chose de spirituel dans la
physionomie. La paillardise , l'impudicité
étoient peintes dans ses yeux : dans ses actions il n'étoit occupé que du salut des âmes et
de la gloire de Dieu. Il avoit beaucoup de talens
pour la chaire ; ses exhortations, ses discours
étoient pleins de douceur, d'onction. Il avoit
l'art de persuader. Né avec beaucoup d'esprit,

il l'employoit tout entier à acquérir la réputation de *Convertisseur* ; et en effet, un nombre considérable de femmes et de filles du monde ont embrassé le parti de la pénitence sous sa direction.

On voit que la ressemblance des caractères et des vues de ce Père et de mademoiselle Eradice suffisoit pour les unir. Aussi, dès que le premier parut à Volnot, où sa réputation étoit déjà parvenue avant lui, Eradice se jeta, pour ainsi dire, dans ses bras. A peine se connurent-ils, qu'ils se regardèrent mutuellement comme des sujets propres à augmenter leur gloire réciproque. Eradice étoit certainement d'abord dans la bonne foi, mais Dirrag savoit à quoi s'en tenir : l'aimable figure de sa nouvelle pénitente l'avoit séduit ; et il entrevit qu'il séduiroit à son tour, et tromperoit facilement un cœur flexible, tendre, rempli de préjugés, un esprit qui recevoit avec la docilité et la persuasion la plus entière, le ridicule des insinuations et des exhortations mystiques. De-là il forma son plan, tel que je l'ai peint plus haut. Les premières branches de ce plan lui assuroient bien de l'amusement voluptueux , de la fustigation, et il y avoit quelque temps que le bon Père en usoit avec quelques autres de ses pénitentes : c'étoit jusqu'alors à quoi s'étoient bornés ses plaisirs libidineux avec elle ; mais la fermeté, le contour, la blancheur des fesses d'Eradice avoient tellement échauffé son imagination , qu'il résolut de franchir le pas. Les grands hommes percent à travers les plus grands obstacles : celui-ci imagina donc l'introduction d'un morceau de cordon de saint François , relique qui, par son intromission, devoit chasser tout ce qui restoit d'impur et de charnel dans sa pénitente , et la conduire à l'extase. Ce fut alors qu'il imagina les stigmates imités de ceux de saint François. Il fit venir secrètement à Volnot une de ses anciennes pénitentes qui avoit toute sa confiance, et qui remplissoit ci-devant, avec connoissance de cause, les fonctions qu'il destinoit intérieurement à Eradice. Il trouvoit celle-ci trop jeune et trop enthousiasmée de l'envie de faire des miracles , pour aventurer de la rendre dépositaire de son secret.

La vieille pénitente arriva, et fit bientôt connoissance de dévotion avec Eradice, à qui elle tâcha d'en insinuer une particulière pour saint François, son patron. On composa une eau qui devoit opérer des plaies imitées des stigmates ; et le jeudi saint, sous le prétexte de la cène, la vieille pénitente lava les pieds d'Eradice, et appliqua de cette eau, qui fit son effet.

Eradice confia deux jours après à la vieille, qu'elle avait une blessure sur chaque pied. Quel bonheur ! quelle gloire pour vous, s'écria celle-ci ! Saint François vous a communiqué ses stigmates, Dieu veut faire de vous la plus grande sainte. Voyons si, comme votre grand patron, votre côté ne sera pas stigmatisé. Elle porta de suite la main sous le teton gauche d'Eradice, où elle appliqua pareillement de son eau ; le lendemain nouveau stigmate.

Eradice ne manqua pas de parler de ce miracle à son directeur, qui, craignant l'éclat, lui recommanda l'humilité et le secret. Ce fut inutilement ; la passion dominante de celle-ci étant la vanité de paraître sainte. sa joie perça : elle fit des confidences ; ses stigmates firent du bruit, et toutes les pénitentes du Père voulurent être stigmatisées.

Dirrag sentit qu'il étoit nécessaire de soutenir sa réputation, mais en même temps de tâcher de faire une diversion qui empêchât les yeux du public de rester fixés sur la seule Eradice. Quelques autres pénitentes furent aussi stigmatisées par les mêmes moyens : tout réussit.

Eradice cependant se voua à saint François ; son directeur l'assura qu'il avoit lui-même la plus grande confiance en son intercession : il ajouta qu'il avoit opéré nombre de miracles par le moyen d'un grand morceau du cordon de ce saint, qu'un Père de la société lui avoit rapporté de Rome ; et qu'il avoit chassé, par la vertu de cette relique, le diable du corps de plusieurs démoniaques, en l'introduisant dans leur bouche ou dans quelqu'autre conduit de la nature, suivant l'exigence des cas. Il lui montra ce prétendu cordon, qui n'étoit autre chose qu'un assez gros morceau de corde de huit pouces de longueur, enduit d'un mastic qui le rendoit dur et uni. Il étoit recouvert proprement d'un étui de velours cramoisi, qui lui servoit de fourreau ; en un mot, c'étoit un de ces meubles de religieuses que l'on nomme *godemichi.* Sans doute que Dirrag tenoit ce présent de quelque vieille abbesse, de qui il l'avoit exigé. Quoi qu'il en soit, Eradice eut bien de la peine d'obtenir la permission de baiser humblement cette relique, que le Père assuroit ne pouvoir être touchée sans crime par des mains profanes.

Ce fut ainsi, mon cher Comte, que le père Dirrag conduisit par degré sa nouvelle pénitente à souffrir pendant plusieurs mois ses impudiques embrassemens , lorsqu'elle ne croyoit jouir que d'un bonheur purement spirituel et céleste.

C'est d'elle que j'ai su toutes ces circonstances, quelque temps après le jugement de son procès. Elle me confia que ce fut un certain moine (qui a joué un grand rôle dans cette affaire) qui lui dessilla les yeux. Il étoit jeune, beau, bien fait, passionnément amoureux d'elle, ami de son père et de sa mère, chez qui ils mangeoient souvent ensemble. Il s'attira sa confiance ; il démasqua l'impudique Dirrag, et je compris insensiblement, à travers tout ce qu'elle me dit, qu'elle se livra alors de bonne foi aux embrassemens du luxurieux moine : j'entrevis même que celui-ci n'avoit pas démenti la réputation de son ordre, et par une heureuse conformation comme par des leçons redoublées, il dédommagea amplement sa nouvelle prosélyte du sacrifice qu'elle lui fit des supercheries hebdomadaires de son vieux Druide.

Dès qu'Eradice eut connu l'illusion du feint cordon de Dirrag, par l'application aimable du membre naturel du moine, l'élégance de cette démonstration lui fit sentir qu'elle avoit été grossièrement dupée. Sa vanité se trouva blessée, et la vengeance la porta à tous les excès que vous avez connus, de concert avec le fier moine, qui, outré l'esprit de parti qui l'animoit, étoit encore jaloux des faveurs que Dirrag avoit surprises à son amante. Ses charmes étoient un bien qu'il croyoit créé pour lui seul ; c'étoit un vol manifeste qu'il prétendoit lui avoir été fait, dont il se flattoit

Pl: 5.

T.I.
P.63.

d'obtenir une punitiou exemplaire ; la grillade seule de son rival qu'il méditoit, pouvoit assouvir son ressentiment et sa vengeance.

J'ai dit que, lorsque le père Dirrag fut sorti de la chambre de mademoiselle Eradice, je me retirai chez moi. Dès que je fus rentrée dans ma chambre, je me prosternai à genoux pour demander à Dieu la grâce d'être traitée comme mon amie. Mon esprit étoit dans une agitation qui approchoit de la fureur, un feu intérieur me dévoroit. Tantôt assise, tantôt debout, souvent à genoux, je ne trouvois aucune place qui pût me fixer. Je me jetai sur mon lit. L'entrée de ce membre rubicond dans la partie de mademoiselle Eradice, ne pouvoit sortir de mon imagination sans que j'y attachasse cependant aucune idée distincte de plaisir, et encore moins de crime. Je tombai enfin dans une rêverie profonde, pendant laquelle il me sembla que ce même membre, détaché de tout autre objet, faisoit son entrée dans moi par la même voie. Machinalement je me plaçai dans la même attitude que celle où j'avois vu Eradice, et machinalement encore, dans l'agitation qui me faisoit mouvoir, je me couchai sur le ventre jusqu'à la colonne du pied de mon lit, laquelle se trouvant passée entre mes jambes et mes cuisses, m'arrêta, et servit de point d'appui à la partie où je sentois une démangeaison inconcevable. Le coup qu'elle reçut par la colonne qui la fixa me causa une légère douleur, qui me tira de ma rêverie sans diminuer l'excès de ma démangeaison. La position où j'étois exigeoit que je levasse mon derrière pour tâcher d'en sortir ; de ce mouvement que je fis en remontant, et coulant ma *moniche* le long de la colonne, il résulta un frottement qui me causa un chatouillement extraordinaire. Je fis un second mouvement, puis un troisième, etc., qui eurent une augmentation de succès : tout-à-coup j'entrai dans un redoublement de fureur ; sans quitter ma situation, sans faire aucune espèce de réflexion, je me mis à remuer le derrière avec une agilité incroyable, glissant toujours le long de la salutaire colonne. Bientôt un excès de plaisir me transporta, je perdis connoissance, je me pâmai, et m'endormis d'un profond sommeil.

Au bout de deux heures je m'éveillai, toujours ma chère colonne entre mes cuisses,
couchée sur mon ventre, mes fesses décou-
vertes. Cette posture me surprit ; je ne me sou-
venois de ce qui s'étoit passé, que comme on
se rappelle le tableau d'un songe. Cependant,
me trouvant plus tranquille, l'évacuation de la
céleste rosée me laissant l'esprit plus libre, je
fis quelques réflexions sur ce que j'avois vu
chez Eradice, et sur ce qui venoit de se passer
dans moi, sans en pouvoir tirer aucune conclusion raisonnable. La partie qui avoit été frottée
le long de la colonne, ainsi que l'intérieur du
haut de mes cuisses qui l'avoit embrassée, me
faisoient un mal cruel : j'osai y regarder malgré
les défenses qui m'avoient été faites par mon
ancien directeur du couvent ; mais jamais je
n'osai me déterminer à y porter la main, cela
m'avoit été trop expressément interdit.

Comme je finissois cet examen, la servante
de ma mère vint m'avertir que madame C....
et monsieur l'abbé T...... étoient au logis, où
ils devoient dîner, et que ma mère m'ordon-
noit de descendre pour leur faire compagnie :
je les joignis.

Il y avoit quelque temps que je n'avois vu madame C.... Quoiqu'elle eût bien des bontés pour ma mère, à qui elle avoit rendu de grands services, et qu'elle eût la réputation d'une femme très-pieuse ; son éloignement marqué pour les maximes du père Dirrag, pour ses exhortations mystiques, m'avoit fait cesser de la fréquenter, afin de ne pas déplaire à mon directeur ; il n'étoit pas traitable sur l'article, et ne vouloit point que son troupeau se confondît avec celui des autres directeurs ses concurrens, il craignoit sans doute les confidences, les éclaircissemens ; enfin c'étoit une condition préalable très-recommandée par sa Révérence, et très-exactement observée par tout ce qui formoit son troupeau.

Cependant nous nous mîmes à table. Le dîner fut gai. Je me sentois beaucoup mieux que de coutume ; ma langueur avoit fait place à la vivacité : plus de maux de reins ; je me trouvois toute autre. Contre l'ordinaire des repas de prêtres et de dévotes, on ne médit point de son prochain à celui-ci. L'abbé T... qui a beaucoup d'esprit et encore plus d'acquis, nous fit mille jolis petits contes qui, sans intéresser la réputation de personne , portèrent la joie dans les cœurs des convives.

Après avoir bu du Champagne et pris du café, ma mère me tira en particulier pour me faire de vifs reproches sur le peu d'attention que j'avois eue depuis quelque temps à cultiver l'amitié et les bonnes grâces de madame C...... C'est une dame aimable, me dit–elle, à qui je dois le peu de considération dont je jouis dans cette ville : sa vertu , son esprit , ses lumières la font estimer et respecter de toutes les personnes qui *la* connoissent : nous avons besoin de son appui ; je désire et je vous ordonne, ma fille , de contribuer de tous vos efforts à l'engager de nous le conserver. Je répondis à ma mère qu'elle ne devoit pas douter de ma soumission aveugle à ses volontés. Hélas ! la pauvre femme ne soupçonnoit guère la nature des leçons que je devois recevoir de cette dame , qui jouissoit en effet de la plus haute réputation.

Nous rejoignîmes, ma mère et moi, la compagnie. Un instant après je m'approchai de madame C......, à qui je fis mes excuses sur mon peu d'exactitude à lui rendre mes devoirs; je la

priai de me permettre de réparer cette faute ;
j'essayai d'entrer dans le détail des raisons qui
me l'avoient fait commettre ; mais madame C...
m'interrompit sans me permettre d'achever. Je
sais, me dit-elle avec bonté, tout ce que vous
voulez me dire ; n'entrons pas en matière sur
des sujets qui ne sont point de notre ressort :
chacun croit avoir ses raisons, peut-être sont-
elles bonnes : ce qui est certain, c'est que je
vous verrai toujours avec grand plaisir ; et pour
commencer à vous en convaincre, ajouta-t-elle
en élevant la voix, je vous emmène souper ce
soir avec moi. Vous le voulez bien, dit-elle à ma
mère ? à condition que vous serez de la partie
avec monsieur l'abbé : vous avez l'un et l'autre
vos affaires, nous vous y laisserons vaquer ;
pour moi je vais me promener avec mademoiselle Thérèse ; vous savez l'heure et le lieu du
rendez-vous. Ma mère fut enchantée ; les
maximes du père Dirrag n'étoient point du tout
de son goût ; elle se flatta que les conseils de
madame C... changeroient mes dispositions
pour le quiétisme dont on le soupçonnoit ;
peut-être même agissoient-elles de concert.

Quoi qu'il en soit, elles réussirent bientôt au-delà de leurs espérances.

Nous sortimes donc, madame C..... et moi. Mais je n'eus pas fait cent pas , que la douleur que je ressentois devint si vive, que j'avois peine à me soutenir. Je faisois des contorsions horribles ; madame C...... s'en aperçut. Qu'avez-vous, me dit-elle, ma chère Thérèse ? il semble que vous vous trouviez mal. J'eus beau dire que ce n'étoit rien ; les femmes sont naturellement curieuses, elle me fit mille questions qui me jetèrent dans un embarras qui ne lui échappa point. Seriez-vous, me dit-elle , du nombre de nos fameuses stigmatisées ? Vos pieds ont peine à vous porter, et vous êtes toute décontenancée. Venez , mon enfant , dans le jardin , où vous pourrez vous reposer. Nous en étions peu éloignées. Dès que nous y fûmes rendues, nous nous assimes dans un petit cabinet charmant qui est sur le bord de la mer. Après quelques discours vagues, madame C....... me demanda encore si effectivement j'avois des stigmates , et comment je me trouvois de la direction du père Dirrag. Je ne puis vous cacher , ajouta-t-elle, que je suis si étonnée de ce genre de miracle, que je désire ardemment de voir par moimême s'il existe en effet. Allons, ma chère petite, dit-elle, ne me cachez rien ; expliquezmoi de quelle manière et quand ces plaies ont paru ; vous devez être assurée que je n'abuserai pas de votre confiance, et je pense que vous me connoissez assez pour n'en pas douter.

Si les femmes sont curieuses, les femmes aiment aussi à parler : j'avois un peu ce dernier défaut ; d'ailleurs quelques verres de vin de Champagne m'avoient échauffé la tête ; je souffrois beaucoup, il n'en falloit pas tant pour me déterminer à tout dire. Je répondis d'abord tout naturellement à madame C... que je n'avois pas le bonheur d'être du nombre de ces élues du Seigneur, mais que ce même matin j'avois vu les stigmates de mademoiselle Eradice, et que le révérend père Dirrag les avoit visitées en ma présence. Nouvelles questions empressées de la part de madame C... qui, de fil en aiguille, de circonstances en circonstances, m'engagea insensiblement à lui rendre compte, non-seulement de ce que j'avois vu chez Eradice, mais encore de ce qui m'étoit arrivé dans ma chambre, et des douleurs qui en résultoient.

Pendant tout ce narré singulier , madame C...., eut la prudence de ne pas témoigner la moindre surprise : elle faisoit tout pour m'engager à tout dire. Lorsque je me trouvois embarrassée sur les termes qui me manquoient pour expliquer les idées de ce que j'avois vu, elle exigeoit de moi des descriptions, dont la lascivité devoit beaucoup la réjouir dans la bouche d'une fille de mon âge , et aussi simple que je l'étois. Jamais tant d'infamies n'ont été dites et ouïes avec autant de gravité.

Dès que j'eus fini de parler, mad. C.... parut plongée dans de sérieuses réflexions ; elle ne répondit que par monosyllabes à quelques questions que je lui proposai. Revenue à elle-même, elle me dit que tout ce qu'elle venoit d'entendre avoit quelque chose de bien singulier, qui méritoit beaucoup d'attention ; qu'en attendant qu'elle pût m'apprendre ce qu'elle en pensoit, et quel étoit le parti qu'il convenoit que je prisse, je devois d'abord son-

Tome 1.   F

ger à soulager la douleur que je ressentois , en bassinant avec du vin chaud les parties qui avoient été meurtries par le frottement de la colonne de mon lit. Gardez-vous bien , me dit-elle, ma chère enfant, de rien dire à votre mère, ni à qui que ce puisse être , et encore moins au père Dirrag , de ce que vous venez de me confier. Il y a dans tout ceci du bien et du mal. Rendez-vous chez moi demain vers les neuf heures du matin , je vous en dirai davantage ; comptez sur mon amitié, la bonté de votre cœur et de votre caractère vous l'ont bien acquise. Je vois votre mère qui s'avance ; allons au-devant d'elle et parlons de toute autre chose.

Monsieur l'abbé T.. entra un quart-d'heure après. On soupe de bonne heure en province, il étoit alors sept heures et demie ; ou servit , nous nous mîmes à table.

Pendant le souper, madame C.... ne put s'empêcher de lâcher quelques traits satyriques sur le père Dirrag ; l'abbé en parut surpris, il l'en blâma avec délicatesse. Pourquoi, poursuivit-il, ne pas laisser tenir à chacun la conduite qui lui convient, pourvu qu'elle n'ait rien de contraire à l'ordre établi ! Jusqu'à présent vous ne voyez rien du père Dirrag qui s'en éloigne ; permettez-moi donc de n'être pas de votre avis, jusqu'à ce que des événemens justifient les idées que vous voulez me donner de ce père. Madame C... pour ne pas être obligée de répondre, changea adroitement le sujet de conversation. On quitta la table vers dix heures : madame C.... dit quelque chose à l'oreille de monsieur l'abbé, qui sortit avec ma mère et moi, et nous reconduisit chez nous.

Comme il est juste, mon cher Comte, que vous sachiez ce que c'est que madame C... et monsieur l'abbé T..., je pense qu'il est temps de vous en donner une idée.

Madame C... est née demoiselle, ses parens l'avoient contrainte d'épouser à quinze ans un vieil officier de marine, qui en avoit soixante. Celui-ci mourut cinq ans après son mariage, et laissa madame C... enceinte d'un garçon, qui en venant au monde, faillit à faire perdre la vie à celle qui lui donnoit le jour. Cet enfant mourut au bout de trois mois, et madame C...

se trouva par cette mort héritière d'un bien assez considérable. Veuve, jolie, maîtresse d'elle-même à l'âge de vingt ans, elle fut bientôt recherchée de tous les épouseurs de la province ; mais elle s'expliqua si positivement sur le dessein où elle étoit de ne jamais courir les risques dont elle étoit échappée comme miraculeusement, en mettant au monde son premier enfant, que même les plus empressés abandonnèrent la partie.

Madame C... avoit beaucoup d'esprit, elle étoit ferme dans ses sentimens, qu'elle n'adoptoit qu'après les avoir mûrement examinés. Elle lisoit beaucoup et aimoit à s'entretenir sur les matières les plus abstraites. Sa conduite étoit sans reproches. Amie essentielle, elle rendoit service dès qu'elle le pouvoit. Ma mère en avoit fait d'utiles expériences. Elle avoit alors vingt-six ans ; j'aurai occasion, par la suite, de vous faire le portrait de sa personne.

M. l'Abbé T..., ami particulier et en même temps directeur de conscience de Madame C..., étoit un homme d'un vrai mérite. Il étoit âgé de quarante-quatre à quarante-cinq ans : petit,

mais bien fait, une physionomie ouverte, spirituelle, soigneux observateur des bienséances
de son état, aimé et recherché de la bonne
compagnie, dont il faisoit les délices. A beaucoup d'esprit il joignoit des connoissances
étendues. Ses bonnes qualités, généralement re-
connues, lui avoient fait obtenir le poste qu'il
remplissoit, et que je dois taire ici. Il étoit le
confesseur des gens de mérite de l'un et de
l'autre sexe, comme le père Dirrag l'étoit des
dévotes de profession, des enthousiastes, des
quiétistes et des fanatiques.

Je retournai le lendemain matin chez madame C. . . .à l'heure convenue. Eh bien ! ma
chère Thérèse, me dit-elle en entrant, comment vont vos pauvres petites parties affligées!
Avez-vous bien dormi? Tout se porte mieux,
Madame, lui dis-je, j'ai fait ce que vous m'avez
prescrit. Tout a été bien bassiné; cela m'a sou-
lagée; mais j'espère au moins de n'avoir pas
offensé Dieu. Madame C... sourit, et après
m'avoir fait prendre du café : Ce que vous
m'avez confié hier, me dit-elle, est de la
plus grande conséquence. J'ai cru devoir en

parler à M. T... qui vous attend actuellement à son confessionnal. J'exige de vous que vous alliez le trouver, et que vous lui répétiez mot à mot tout ce que vous m'avez dit. C'est un honnête homme et de bon conseil, vous en avez besoin. Je pense qu'il vous prescrira une nouvelle façon de vous conduire, qui est utile à votre salut et à votre santé. Votre mère mourrait de chagrin, si elle apprenoit ce que je sais ; je ne puis vous cacher qu'il y a des horreurs dans ce que vous avez vu ehez mademoiselle Eradice. Allez, Thérèse, partez, et donnez une confiance entière à M. T..., vous n'aurez pas lieu de vous en repentir.

Je pleurai et sortis toute tremblante pour aller trouver M. T..., qui entra dans son confessionnal dès qu'il m'aperçut.

Je ne cachai rien à M. T..., qui m'écouta attentivement jusqu'au bout, sans m'interrompre que pour me demander de certaines explications sur les détails qu'il ne comprenoit pas. Vous venez, me dit-il de m'apprendre des choses étonnantes; le père Dirrag est un fourbe, un malheureux, qui se laisse emporter à la force de ses passions ; il marche à sa perte, et il entraînera celle de mademoiselle Eradice : néanmoins il faut les plaindre plutôt que de les blâmer. Nous ne sommes pas toujours maîtres de résister à la tentation ; le bonheur et le malheur de notre vie se décident souvent par les occasions. Soyez donc attentive à les éviter : cessez de voir le père Dirrag et toutes ses pénitentes, sans parler mal des uns ni des autres ; la charité le veut ainsi. Fréquentez mad. C..., elle a pris de l'amitié pour vous, elle vous donnera de bons conseils et de bons exemples à suivre.

Parlons présentement, mon enfant, de ces chatouillemens excessifs que vous sentez souvent dans cette partie qui a frotté à la colonne de votre lit : ce sont des besoins de tempérament, aussi naturels que ceux de la faim et de la soif : il ne faut ni les rechercher ni les exciter ; mais dès que vous vous en sentirez vivement pressée, il n'y a nul inconvénient à vous servir de votre main, de votre doigt, pour soulager cette partie, par le frottement qui lui est alors nécessaire. Je vous défends cependant ex pressément d'introduire votre doigt dans i'inté-rieur de l'ouverture qui s'y trouve ; il suffit, quant à présent, que vous sachiez que cela pourroit vous faire tort un jour dans l'esprit du mari que vous épouseriez. Au reste, comme ceci, je vous le répète, est un besoin que les lois immuables de la Nature excitent en nous, c'est aussi des mains de la Nature que nous tenons le remède que je vous indique pour soulager ce besoin.

Or, comme nous sommes assurés que la loi naturelle est d'institution divine, comment oserions-nous craindre d'offenser Dieu, en soulageant nos besoins par des moyens qu'il a mis dans nous, qui sont son ouvrage, surtout lorsque ces moyens ne troublent point l'ordre établi dans la société. Il n'en est pas ainsi, ma fille, de ce qui s'est passé entre le père Dirrag et mademoiselle Eradice : ce père a trompé sa pénitente, a risqué de la rendre mère, en substituant, à la place du feint cordon de saint François, le membre naturel de l'homme qui sert à la génération. Par là il a péché contre la loi naturelle, qui nous prescrit d'aimer notre prochain comme nous-mêmes. Est-ce aimer son prochain que de mettre, comme il l'a fait, mademoiselle Eradice dans le hasard d'être perdue de réputation, et déshonorée pour toute sa vie?

L'introduction, ma chère enfant, et les mouvemens que vous avez vus de ce membre du Père, dans la partie naturelle de sa pénitente, qui est la mécanique de la fabrique du genre humain, n'est permise que dans l'état du mariage : dans celui de fille, cette action peut nuire à la tranquillité des familles, et troubler l'intérêt public, qu'il faut toujours respecter. Ainsi, tant que vous ne serez pas liée par le sacrement de mariage, gardez-vous bien de souffrir d'aucun homme une pareille opération, en quelque sorte d'attitude que ce puisse être. Je vous ai indiqué un remède qui modérera l'excès de vos désirs, et qui tempérera le feu qui les excite. Ce même remède contribuera bientôt au rétablissement de votre santé chancelante, et vous rendra votre embonpoint. Votre figure aimable ne manquera pas de vous attirer alors des amans qui chercheront à vous séduire. Soyez bien sur vos gardes, et ne perdez point de vue les leçons que je vous donne. C'en est assez pour aujourd'hui, ajouta ce sensé directeur; vous me trouverez ici dans huit jours à la même heure. Souvenez-vous au moins que tout ce qui se dit dans le tribunal de la pénitence doit être aussi sacré pour le pénitent que pour son confesseur, et que c'est un péché énorme d'en révéler la moindre circonstance à personne.

Les préceptes de mon nouveau directeur avoient charmé mon âme; j'y voyois un air de vérité, une sorte de démonstration soutenue, un principe de charité qui me faisoit sentir le ridicule de ce que j'avois ouï jusqu'alors.

Après avoir passé la journée à réfléchir, le soir, avant de me coucher, je me préparai à bassiner les parties meurtries : tranquille sur les regards et sur les attouchemens, je me troussai, et m'étois assise sur le bord du lit, j'écartai les cuisses de mon mieux, et m'attachai à examiner attentivement cette partie qui nous fait femmes; j'en entr'ouvrois les lèvres, et cherchant avec le doigt l'ouverture par laquelle le père Dirrag

Pl. 6.

T.1.
P.71.

avait pu enfiler Eradice avec un si gros instrument, je la découvris, sans pouvoir me persuader que ce fût elle : sa petitesse me tenoit dans l'incertitude, et je tentois d'y introduire le doigt, lorsque je me souvins de la défense de M. T... Je le retirai avec promptitude, en remontant le long de la fente. Une petite éminence que j'y rencontrai me causa un tressaillement ; je m'y arrêtai, je frottai, et bientôt j'arrivai au comble du plaisir. Quelle heureuse découverte ! et quelle source abondante de la liqueur qui en est le principe !

Je nageai pendant près de six mois dans un torrent de volupté, sans qu'il m'arrivât rien qui mérite ici sa place.

Ma santé s'étoit entièrement rétablie : ma conscience étoit tranquille, par les soins de mon nouveau directeur, qui me donnoit des conseils sages et combinés avec les passions humaines : je le voyois régulièrement, tous les lundis, dans le confessionnal, et tous les jours chez madame C... Je ne quittois plus cette aimable femme : les ténèbres de mon esprit se dissipoient ; peu à peu je m'accoutumois à penser, à raisonner conséquemment. Plus de père Dirrag pour moi, plus d'Eradice.

Que l'exemple et les préceptes sont de grands maîtres pour former le cœur et l'esprit! S'il est vrai qu'ils ne nous donnent rien, et que chacun ait en soi les germes de tout ce dont il est capable, il est certain du moins qu'ils servent à développer ces germes, et à faire apercevoir les idées, les sentimens dont nous sommes susceptibles, et qui, sans l'exemple, sans les leçons, resteroient enfouis dans leurs entraves et dans leurs enveloppes.

Cependant ma mère continuoit son commerce en gros, qui réussissoit mal; on lui devoit beaucoup, elle étoit à la veille d'essuyer une banqueroute de la part d'un négociant de Paris, capable de la ruiner. Après s'être consultée, elle se détermina à faire un voyage dans cette superbe ville. Cette tendre mère m'aimoit trop pour me perdre de vue pendant un espace de temps qui pouvoit être fort long, il fut résolu que je l'accompagnerois. Hélas! la pauvre femme ne prévoyoit guère qu'elle y finiroit ses tristes jours, et que je retrouverois, dans les bras de mon cher Comte, la source du bonheur des miens.

Il fut déterminé que nous partirions dans un mois, temps que j'allai passer avec madame C... à sa maison de campagne, éloignée d'une petite lieue de la ville. M. l'abbé T... y venoit régulièrement tous les jours et y couchoit, lorsque ses devoirs le lui permettoient. L'un et l'autre m'accabloient de caresses ; on ne craignoit plus de tenir devant moi des propos assez libres, de parler de matières de morale, de religion, de sujets métaphysiques, dans un goût bien différent des principes que j'avois reçus. Je m'apercevois que madame C... étoit contente de ma façon de penser et de raisonner, et qu'elle se faisoit un plaisir de me conduire de conséquence en conséquence à des preuves claires et évidentes. Quelquefois seulement j'eus le chagrin de voir que M. l'abbé T... lui faisoit signe de ne pas pousser trop loin ces raisonnemens sur certaines matières ; cette découverte m'humilia ; je résolus de tout tenter pour être instruite de ce qu'on vouloit me cacher. Je n'avois pas jusqu'alors formé de

Tome I.

soupçon sur la tendresse mutuelle qui les unis-
soit. Bientôt je n'eus plus rien à désirer, comme
vous allez l'entendre.

Vous verrez, mon cher Comte, quelle est
la source d'où j'ai puisé les principes de morale
et de métaphysique que vous avez si bien cul-
tivés, et qui, en m'éclairant sur ce que nous
sommes dans ce monde, comme sur ce que
nous avons à craindre de l'autre, assurent la
tranquillité d'une vie dont vous faites tout le
plaisir.

Nous étions alors dans les plus beaux jours
de l'été ; madame C... se levoit ordinairement
vers les cinq heures du matin pour aller se
promener dans un petit bosquet au bout du
jardin. J'avois remarqué que l'abbé T... s'y
rendoit aussi lorsqu'il couchoit à la campagne ;
qu'au bout d'une heure ou deux ils rentroient
ensemble dans l'appartement où couchoit madame C..., et qu'ensuite l'un et l'autre ne paroissoient dans la maison que vers les huit à
neuf heures.

Je résolus de les prévenir dans le bosquet,
et de m'y cacher de manière à pouvoir les en-

tendre. Comme je n'avois pas l'ombre du soupçon de leurs amours , je ne prévoyois point ce que je perdrois en ne les voyant pas. Je fus donc reconnoître le terrein, et m'assurer une place commode à mon projet.

Le soir, en soupant, la conversation tomba sur les opérations et les productions de la nature. Mais qu'est-ce donc que cette nature, dit mad. C... ? Est-ce un être particulier? Tout ne seroit-il pas produit par Dieu? Seroit-elle une divinité subalterne? En vérité, vous n'êtes pas raisonnable de parler ainsi, répliqua vivement M. l'abbé T..., en lui faisant un clin-d'œil. Je vous promets, dit-il, dans notre promenade, demain, de vous expliquer l'idée que l'on doit avoir de cette mère commune du genre humain : il est trop tard pour toucher cette matière. Ne voyez-vous pas qu'elle accableroit d'ennui mademoiselle Thérèse , qui tombe de sommeil ? Si vous voulez m'en croire l'une et l'autre, allons nous coucher; je vais finir mes Heures , et suivrai de près votre exemple. Le conseil de M. l'abbé fut rempli , chacun se retira dans son appartement.

Le lendemain, dès la pointe du jour, j'allai me camper dans mon embuscade. Je me plaçai dans les broussailles qui étoient derrière une espèce de bosquet de charmille, orné de bancs de bois, peints en verd, et de quelques statues. Après une heure d'impatience, mes héros arrivèrent et s'assirent précisément sur le banc derrière lequel je m'étois gitée.

Oui, en vérité, disoit l'Abbé en entrant, elle devient tous les jours plus jolie ; ses tetons sont grossis au point de remplir fort bien la main d'un honnête ecclésiastique ; ses yeux ont une vivacité qui ne dément pas le feu de son tempérament ; car elle en a tout au plus fort , la petite friponne de Thérèse. Imagine-toi qu'en profitant de la permission que je lui ai donnée de se soulager avec le doigt , elle le fait au moins une fois tous les jours. Avoue que je suis aussi bon médecin que docile confesseur ; je lui ai guéri le cœur et l'esprit.

Mais, Abbé , reprit madame C... auras-tu bientôt fini , avec ta Thérèse ? Sommes-nous venus ici pour nous entretenir uniquement de ses beaux yeux , de son tempérament ? Je

soupçonne. monsieur l'égrillard, que vous auriez bien envie de lui éviter la peine qu'elle
prend de s'appliquer elle-même votre recette.
Au reste , tu sais que je suis bonne princesse ,
j'y consentirois volontiers, si je n'en prévoyois
pas de danger pour toi. Thérèse a de l'esprit ,
mais elle est trop jeune, et a trop peu d'usage
du monde pour oser s'y confier. Je remarque
que sa curiosité est sans égale. Il y a de quoi
faire un très-bon sujet ; et sans les inconvéniens dont je viens de parler, je n'hésiterois pas à te proposer à la mettre de tiers dans
nos plaisirs ; car, convenons qu'il y a de la
folie à être jaloux ou envieux du bonheur de
ses amis , dès que leur félicité n'ôte rien à la
nôtre.

Vous avez bien raison , dit l'Abbé : ce
sont deux passions qui tourmentent en pure
perte tous ceux qui ne sont pas nés pour savoir
penser. Il faut distinguer cependant l'envie
de la jalousie. L'envie est une passion innée
dans l'homme ; elle fait partie de son essence :
les enfans au berceau sont envieux de ce qu'on
donne à leurs semblables. Il n'y a que l'édu-

cation qui modère les effets de cette passion que nous tenons des mains de la Nature. Mais il n'en est pas de même de la jalousie, considérée par rapport aux plaisirs de l'amour : cette passion est l'effet de notre amour-propre et du préjugé. Nous connoissons des nations entières où les hommes offrent à leurs convives la jouissance de leurs femmes, comme nous offrons aux nôtres le plus excellent vin de notre cave. Un de ces insulaires caresse l'amant qui jouit des embrassemens de sa femme : ses compatriotes l'applaudissent, le félicitent. Un Français, en ce cas, fait la moue, chacun le montre au doigt et se moque de lui. Un Persan poignarde l'amant et la maîtresse ; tout le monde applaudit à ce double assassinat.

Il est donc évident que la jalousie n'est pas une passion que nous tenons de la Nature ; c'est l'éducation, c'est le préjugé du pays qui l'a fait naître. Dès l'enfance, une fille, à Paris, lit, entend dire qu'il est humiliant d'essuyer une infidélité de son amant : on assure à un jeune homme qu'une maîtresse, qu'une femme infidèle blesse l'amour-propre, déshonore l'amant ou le mari. De ces principes, sucés, pour ainsi dire avec le lait, naît la jalousie, ce monstre qui tourmente les humains en pure perte pour un mal qui n'a rien de réel.

Distinguons néanmoins l'inconstance de l'infidélité. J'aime une femme dont je suis aimé, son caractère sympathise avec le mien ; sa figure, sa jouissance, font mon bonheur. Elle me quitte : ici, la douleur n'est plus l'effet du préjugé, elle est raisonnable. Je perds un bien effectif, un plaisir d'habitude, que je ne suis pas certain de pouvoir réparer avec tous ces agrémens ; mais une infidélité passagère, qui n'est que l'ouvrage du plaisir, du tempérament, quelquefois celui de la reconnoissance, ou d'un cœur tendre et sensible à la peine ou au plaisir d'autrui, quel inconvénient en résulteroit-il ? En vérité, quoi qu'on en dise, il faut être peu sensé que de s'inquiéter de ce qu'on nomme à juste titre UN COUP D'ÉPÉE DANS L'EAU, une chose qui ne nous fait ni bien ni mal

Oh ! je vous vois venir, dit mad. C.... en interrompant l'abbé T.., ceci m'annonce tout doucement que, par bon cœur, ou pour faire plaisir à Thérèse, vous seriez homme à lui donner une petite leçon de volupté, un petit clystère aimable, qui, selon vous, ne me feroit ni bien ni mal. Va, mon cher Abbé, continua-t-elle, j'y consens avec joie : je vous aime tous deux ; vous gagnerez l'un et l'autre par cette épreuve, à laquelle je ne perdrai rien : pourquoi m'y opposerois-je ? Si je m'en inquiétois, tu conclurois avec raison que je n'aime que moi, que ma satisfaction particulière, qu'à l'augmenter aux dépens même de celle que tu peux goûter ailleurs ; et c'est ce qui n'est point : je sais faire mon bonheur indistinctement de tout ce qui peut contribuer à augmenter le tien. Ainsi tu peux, mon cher ami, sans crainte de me désobliger, houspiller de ton mieux la moniche de Thérèse, cela fera grand bien à cette pauvre fille ; mais je te le répète, prends garde à l'imprudence. ..

Quelle folie ! reprit l'Abbé, je vous jure que je ne pense point à Thérèse. J'ai voulu simplement vous expliquer le mécanisme par lequel la nature....

Eh bien ! n'en parlons plus, répliqua madame C.... Mais, à propos de NATURE, tu oublies la promesse que tu m'avois faite, de me définir ce que c'est que cette bonne mère. Voyons un peu comment tu te tireras de cette démonstration ; car tu prétends que tu démontres tout.

Je le veux, répondit l'Abbé ; mais ma petite mère, tu sais ce qu'il me faut auparavant ; je ne vaux rien quand je n'ai pas fait la besogne qui affecte le plus vivement mon imagination. Les autres idées ne sont pas nettes, et se trouvent toujours absorbées, confondues par celle-ci. Je t'ai déjà dit que, lorsqu'à Paris je m'occupois uniquement de la lecture et des sciences les plus abstraites, dès que je sentois l'aiguillon de la chair me tracasser, j'avois une petite fille AD HOC, comme on a un pot-de-chambre pour pisser, à qui je faisois une ou deux fois la grosse besogne, dont il vous plaît de ne vouloir pas tâter de ma façon. Alors, l'esprit tranquille, les idées nettes, je me mettois au travail ; et je soutiens que tout homme de lettres, tout homme de cabinet, qui a un peu de tempérament , doit user de ce remède , aussi nécessaire à la santé du corps qu'à celle de l'esprit. Je dis plus : je prétends que tout honnête homme qui connoît les devoirs de la société, devroit en faire usage , afin de n'être point excité trop vivement à s'écarter de ses devoirs en débauchant la femme , ou la sœur, ou la fille de ses amis ou de ses voisins.

Présentement , vous me demanderez, peut-être , continua l'Abbé, comment doivent donc faire les femmes et les filles ? Elles ont , dites-vous , leurs besoins comme les hommes, elles sont de même pâte : cependant elles ne peuvent pas se servir des mêmes ressources : le point d'honneur, la crainte d'un indiscret, d'un maladroit , d'un faiseur d'enfans, ne leur permet pas d'avoir recours au même remède que les hommes. D'ailleurs , ajouterez-vous , où en trouver de ces hommes tout prêts , comme l'étoit votre petite fille AD HOC.

Eh bien! Madame, continua l'Abbé T…que les femmes et les filles fassent comme Thérèse et vous ; si ce jeu ne leur plaît pas (comme effectivement il ne plaît pas à toutes), qu'elles se servent de ces ingénieux instrumens nommés GODEMICHI ; c'est une imitation assez naturelle de la réalité. Joignez à cela que l'on peut s'aider de l'imagination. Au bout du compte, je le répète, les hommes et les femmes ne doivent se procurer que les plaisirs qui ne peuvent pas troubler l'intérieur de la société établie. Les femmes ne doivent donc jouir que de ceux qui leur conviennent, eu égard aux devoirs que cet établissement leur impose. Vous aurez beau vous récrier à l'injustice ; ce que vous regardez comme injustice particulière, assure le bien général que personne ne doit tenter d'enfreindre.

Oh ! je vous tiens, monsieur l'Abbé, répliqua madame C....; vous venez de me dire présentement qu'il ne faut pas qu'une femme, qu'une fille, se laissent faire ce que vous savez, par les hommes, ni qu'un honnête homme trouble l'intérêt public en cherchant à les séduire, tandis que vous-même, monsieur le paillard, m'avez tourmentée cent fois pour me mettre dans ce cas, et qu'il y a long-temps que ce seroit une besogne faite, sans la crainte insupportable que j'ai toujours eue de devenir grosse : vous n'avez donc pas craint , pour satisfaire votre plaisir particulier , d'agir contre l'intérêt général que vous prenez si fort.

Bon ! nous y voilà encore, reprit l'Abbé, tu recommences donc toujours la même chanson, ma petite mère ; ne t'ai-je pas dit qu'en agissant avec de certaines précautions, on ne risque point cet inconvénient ? N'es-tu pas convenue avec moi que les femmes n'ont que trois choses à redouter : la peur du diable , la réputation et la grossesse ? Tu es très-appaisée, je pense, sur le premier article ; je ne crois pas que tu craignes de ma part l'indiscrétion ni l'imprudence , qui seules peuvent ternir la réputation ; enfin, on ne devient mère que par l'étourderie de son amant. Or , je t'ai déjà démontré plus d'une fois, par l'explication du mécanisme de la fabrique des hommes, que rien n'étoit plus facile à éviter : répétons donc encore ce que nous avons dit à ce sujet.

L'amant , par la réflexion ou par la vue de sa maîtresse , se trouve dans l'état qui est nécessaire à l'acte de la génération : le sang , les esprits, le nerf érecteur, ont enflé et roidi son dard ; tous deux d'accord , ils se mettent en posture ; la flèche de l'amant est poussée dans le carquois de sa maîtresse : les semences se préparent par le frottement réciproque des parties. L'excès du plaisir les transporte ; déjà l'élixir divin est prêt à couler ; alors, l'amant sage , maître de sa passion , retire l'oiseau de son nid, et sa main ou celle de sa maîtresse achève par quelques légers mouvemens, de provoquer l'éjaculation au-dehors. Point d'enfans à craindre dans ce cas. L'amant étourdi et brutal pousse au contraire jusques au fond du vagin, il y répand sa semence , elle pénètre dans la matière, et de là dans ses trompes où se forme la génération.

Voilà, Madame, continna M. T...., puisque vous avez voulu que je le répétasse encore, quel est le mécanisme des plaisirs de l'amour. Me connaissant tel que je suis, pouvez-vous me croire du nombre de ces imprudens ? — Non, mon cher ami, j'ai cent fois fait l'expérience du contraire. — Laisse-moi, je te conjure, la renouveler aujourd'hui avec toi : regarde dans quel état de triomphe est mon drôle ;

Tome 1.

tu le tiens ? — Oui. — Serre-le bien dans ta main ; tu vois qu'il te demande grace, et je....

Non pas , s'il vous plait , mon cher Abbé , répliqua à l'instant madame C...., il n'en sera rien , je vous jure : tout ce que vous m'avez dit ne peut me tranquilliser sur mes craintes , et je vous procurerois un plaisir que je ne pourrois pas goûter , cela n'est pas juste. Laissez-moi donc faire ; je vais mettre ce petit effronté à la raison. Eh bien ! poursuivit-elle , es-tu content de mes tetons et de mes cuisses ? les as-tu assez baisés , assez maniées ? Pourquoi trousser ainsi mes manchettes au-dessus du coude ? Monsieur aime sans doute à voir les mouvemens d'un bras nud ? Fais-je bien ? Tu ne dis mot. Ah , le co-quin ! qu'il a de plaisir !

Il se fit un instant de silence. Puis tout à coup j'entendis l'Abbé qui s'écria : Ma chère ma-man , je n'en puis plus ; un peu plus vîte : donne-moi donc ta petite langue , je t'en prie. Ah ! il cou....le !

Jugez , mon cher Comte , de l'état où j'étois pendant cette édifiante conversation. J'essayai vingt fois de me lever , pour tâcher de trouver

Pl. 7

T.II.
P. 86.

quelqu'ouverture par où je pusse découvrir les objets, mais le bruit des feuilles me retint. J'étois assise, je m'allongeai de mon mieux ; et pour éteindre le feu qui me dévoroit, j'eus recours à mon petit exercice ordinaire.

Après quelques momens qui furent employés sans doute à réparer le désordre de M. l'Abbé : En vérité, dit-il, toute réflexion faite, je crois, ma bonne amie, que vous avez eu raison de me refuser la jouissance que je vous demandois : j'ai senti un chatouillement si puissant, que je pense que tout eût coulé à travers les choux, si vous m'eussiez laissé faire.

Il faut avouer que nous sommes des animaux bien foibles et peu maîtres de diriger nos volontés. Je sais tout cela, mon pauvre Abbé, reprit mad. C...., tu ne m'apprends rien de nouveau ; mais, est-il bien vrai que dans le genre des plaisirs que nous goûtons, nous ne pêchions pas contre l'intérêt de la société. Et cet amant sage, dont tu approuves la prudence, qui retire l'oiseau de son nid, et qui répand le baume de vie au-dehors, ne fait-il pas aussi un crime ? car il faut convenir que, les uns et les autres, nous supprimons à la société un citoyen qui pourroit lui devenir utile.

Ce raisonnement, répliqua l'Abbé, paraît d'abord spécieux ; mais vous allez voir, ma belle dame, qu'il n'a cependant que l'écorce. Nous n'avons aucune loi humaine ni divine qui nous invite, et encore moins qui nous contraigne de travailler à la multiplication du genre humain. Toutes ces lois permettent le célibat aux garçons et aux filles, à une foule de moines fainéans et de religieuses inutiles : elles permettent à l'homme marié d'habiter avec sa femme grosse, quoique les semences alors répandues le soient sans espérance de fruit. L'état de virginité est même réputé préférable à celui du mariage.

Or, ces faits posés, n'est-il pas certain que l'homme qui triche, et ceux qui, comme nous, jouissent du plaisir de la petite oie, ne font rien de plus que ces moines et ces religieuses, que tout ce qui vit dans le célibat ? Ceux-ci conservent dans leurs reins, en pure perte, une semence que les autres répandent en pure perte : ne sont-ils donc pas, les uns et les autres, pré-

cisément dans un cas égal , eu égard à la société ? Ils ne lui donnent tous aucun citoyen ;
mais la seule raison ne nous dit-elle pas qu'il
vaut mieux encore que nous jouissions d'un
plaisir qui ne fait tort à personne, en répandant
inutilement cette semence, que de la conserver
dans nos vaisseaux spermatiques, non-seulement avec la même utilité, mais encore toujours aux dépens de notre santé, et souvent
de notre vie. Ainsi vous voyez, madame la
raisonneuse, ajouta l'Abbé, que nos plaisirs ne
font pas plus de tort à la société, que le célibat
approuvé des Moines, des Religieuses, etc.,
et que nous pouvons aller notre petit train.

Sans doute qu'ensuite de ses réflexions l'Abbé
se mit en devoir de rendre service à madame
C....; car j'entendis, un instant après, que celle-
ci lui disoit : Ah ! finis, vilain Abbé, retire ton
doigt, je ne suis pas en train aujourd'hui, je me
ressens encore de nos folies d'hier, remettons
celles-ci à demain ; d'ailleurs tu sais que j'aime
à être à mon aise, bien étendue sur mon lit :
ce banc n'est point commode ; finis, encore un
coup, je ne veux de toi présentement que la

définition que tu m'as promise sur dame nature. Vous voilà tranquille, monsieur le philosophe ; parlez, je vous écoute.

Sur dame nature, reprit l'Abbé ? Ma foi,
vous en saurez bientôt autant que moi. C'est
un être imaginaire, c'est un mot vide de sens.
Les premiers chefs des Religions, les premiers
politiques, embarrassés sur l'idée qu'ils devoient donner au public, du bien et du mal
moral, ont imaginé un être entre Dieu et nous,
qu'ils ont rendu l'auteur de nos passions, de nos
maladies, de nos crimes. Comment en effet,
sans ce secours, eussent-ils concilié ce système
avec la bonté infinie de Dieu ? D'où eussent-ils
dit que nous venoient ces envies de voler, de
calomnier, de violer, d'assassiner ? Pourquoi
tant de maladies, tant d'infirmités ? Qu'avait
fait à Dieu ce malheureux cul-de-jatte, né pour
ramper sur la terre pendant toute sa vie ?

Un Théologien nous dit à cela : ce sont des
effets de la Nature. Mais, qu'est-ce que c'est
que cette nature ? Est-ce un autre Dieu que
nous ne connoissons pas ? Agit-elle par elle-
même et indépendamment de la volonté de

Dieu ? Non, dit encore sèchement le Théologien. Comme Dieu ne peut pas être l'auteur
du mal, le mal ne peut exister que par le
moyen de la Nature. Quelle absurdité! Est-ce
du bâton qui me frappe que je dois me plaindre! n'est-ce pas de celui qui a dirigé le coup ?
n'est-ce pas lui qui est l'auteur du mal que je
ressens ?

Pourquoi ne pas convenir, une bonne fois,
que la Nature est un être de raison, un mot
vide de sens ; que tout est de Dieu, que le
mal physique qui nuit aux uns, sert au bonheur des autres ; que tout est bien ; qu'il n'y a
rien de mal dans le monde, eu égard à la Divinité : que tout ce qui s'appelle BIEN OU MAL
moral, n'est que relatif à l'intérêt des sociétés
établies parmi les hommes, mais relatif à Dieu,
par la volonté duquel nous agissons nécessairement d'après les premières lois, d'après les
premiers principes du mouvement qu'il a établi dans tout ce qui existe? Un homme vole,
il fait du bien par rapport à lui ; du mal par
son infraction à l'établissement de la société,

mais rien par rapport à Dieu. Je conviens que cet homme doit être puni , quoiqu'il ait agi nécessairement , quoique je sois convaincu qu'il n'a pas été libre de commettre ou de ne pas commettre son crime ; mais il doit l'être, parce que la punition d'un homme qui trouble l'ordre établi, fait mécaniquement, par la voie des sens , des impressions sur l'àme , qui empêchent les méchans de risquer ce qui pourroit leur faire mériter la même punition, et que la peine que subit ce malheureux pour son infraction , doit contribuer au bonheur général, est préférable dans ces cas au bien particulier.

J'ajoute encore que, l'on ne peut même trop noter d'infamie les parens, les amis et tous ceux qui ont eu des habitudes avec un criminel, pour engager, par ce trait de politique, tous les humains à s'inspirer mutuellement entr'eux de l'horreur des actions , et pour les crimes qui peuvent troubler la tranquillité publique : tranquillité que notre disposition naturelle, que nos besoins , que notre bien-être particulier nous portent sans cesse à enfreindre : disposition, enfin, qui ne peut être absorbée dans l'homme que par l'éducation ; qu'au moyen des impressions qu'il reçoit dans l'âme par la voie des autres hommes qu'il fréquente, ou qu'il voit habituellement, soit par le bon exemple, soit par les discours ; en un mot, par les sensations externes, qui, jointes aux dispositions intérieures, dirigent toutes les actions de notre vie. Il faut donc aiguillonner, il faut nécessiter les hommes à s'exciter entre eux à ces sensations, au bonheur général.

Je crois, Madame, ajouta l'Abbé, que vous sentez présentement ce que l'on doit entendre par le mot de NATURE. Je me propose de vous entretenir demain matin de l'idée qu'on doit avoir des Religions. C'est une matière importante à notre bonheur ; mais il est trop tard pour l'entamer aujourd'hui. Je sens que j'ai besoin d'aller prendre mon chocolat.

Je le veux, dit madame C... en se levant : monsieur le philosophe a sans doute besoin d'une réparation physique, pour les pertes lubidineuses que je lui ai fait faire : cela est bien juste, continua-t-elle ; vous avez fait et vous avez dit des choses admirables : rien de mieux que vos observations sur la Nature ; mais trouvez bon que je doute fort que vous puissiez me faire voir aussi clair sur le chapitre des Religions , que vous avez touché diverses fois avec beaucoup moins de succès. Comment donner en effet des démonstrations dans une matière aussi abstraite , et où tout est article de foi ? C'est ce que nous verrons demain , répondit l'Abbé. Oh ! ne comptez pas en être quitte demain pour des raisonnemens , répliqua madame C..., nous rentrerons , s'il vous plait , de bonne heure dans ma chambre , où j'aurai besoin de vous et de mon lit de repos.

Quelques instans après , ils prirent l'un et l'autre, le chemin de la maison : je les y suivis par une allée couverte. Je restai un moment dans ma chambre pour y changer de robe , et je me rendis de suite dans l'appartement de madame C. , où je craignois que l'abbé n'entamât encore l'article des religions, que je voulois absolument entendre. Celui de la Nature m'avoit frappée : je voyois clairement que Dieu et la Nature n'étoient qu'une même chose, ou du moins que la Nature n'agissoit que par la volonté immédiate de Dieu. De-là je tirai mes petites conséquences , et je commençai peut-être à penser pour la première fois de ma vie.

Je tremblois en entrant dans l'appartement de madame C....; il me sembloit qu'elle devoit s'apercevoir de l'espèce de perfidie que je venois de lui faire, et de diverses réflexions dont j'étois agitée ; l'abbé T.... me regardoit attentivement : je me crus perdue ; mais bientôt je l'entendis qu'il disoit à demi-bas à madame C.... Voyez si Thérèse n'est pas jolie ? Elle a des couleurs charmantes ; ses yeux sont perçans , et sa physionomie devient tous les jours plus spirituelle. Je ne sais ce que madame C... lui répondit ; ils sourioient l'un et l'autre. Je fis semblant de n'avoir rien entendu , et j'eus grand soin de ne pas les quitter de toute la journée.

En rentrant le soir dans ma chambre, je formai mon plan pour le lendemain matin. La crainte où j'étois de ne pas m'éveiller d'assez bonne heure, fut cause que je ne dormis point. Vers les cinq heures du matin, je vis madame

C... gagner le bosquet, où M. T.... l'attendoit déjà. Suivant ce que j'avois ouï la veille, elle devoit bientôt rentrer dans sa chambre à coucher, où étoit le lit de repos dont elle avoit parlé. Je n'hésitai pas de m'y couler et de me cacher dans la ruelle de son lit, où je m'assis sur le plancher, le dos appuyé contre le mur, à côté du duvet. J'avois le rideau du lit devant moi, que je pouvois entr'ouvrir au besoin, pour avoir en entier le spectacle du petit lit, qui étoit dans le coin opposé de la chambre, ou l'on ne pouvoit pas dire un mot sans que je l'entendisse.

Ainsi postée, l'impatience commençoit à me faire appréhender d'avoir manqué mon coup, lorsque mes deux acteurs rentrèrent. Baise-moi comme il faut, mon cher ami, disoit madame C.... en se laissant tomber sur son lit de repos. La lecture de ton vilain PORTIER DES CHARTREUX m'a mise toute en feu ; ses portraits sont frappans ; ils ont un air de vérité qui charme : s'il étoit moins ordurier, ce seroit un livre inimitable dans son genre. Mets-le-moi aujourd'hui, Abbé, je t'en conjure, ajouta-t-

Pl. 8.

T.1.
P. 97.

elle , j'en meurs d'envie , et je consens d'en risquer l'événement.

Non pas moi , reprit l'Abbé , pour deux bonnes raisons : c'est que je vous aime, et que je suis trop honnête homme pour risquer votre réputation et vos reproches par cette imprudence ; la seconde , c'est que M. le docteur n'est pas aujourd'hui dans son brillant ; je ne suis pas gascon , et....

Je le vois à merveille , reprit madame C....; cette dernière raison est si énergique, que vous eussiez pu vous dispenser de vous faire un mérite de la première. Çà , mets-toi donc à côté de moi , ajouta-t-elle en s'étendant lascivement sur le lit , et chantons , comme tu dis , le petit office.

Ah ! de tout mon cœur, ma chère maman , reprit l'abbé T...., qui étoit alors debout , découvrant méthodiquement la gorge de mad. C.... Ensuite il troussa sa robe et sa chemise jusqu'au-dessus du nombril , puis il lui ouvrit les cuisses , en élevant tant soit peu ses genoux , de manière que ses talons , qui se rapprochoient quelque peu de ses fesses , étoient presque joints l'un à l'autre , appuyés sur les pieds du lit.

Dans cette attitude , en partie cachée pour moi , par l'abbé qui baisoit alternativement toutes les beautés du corps de sa chère maitresse , madame paroissoit recueillie , méditant sur la nature des plaisirs dont elle sentoit déjà les prémices. Ses yeux étoient à moitié fermés ; la pointe de sa langue se montroit sur le bord de ses lèvres vermeilles, et tous les muscles de son visage étoient dans une agitation voluptueuse. Finis donc tes baisers, dit-elle à l'abbé T...., ne vois-tu pas que je t'attends ? je n'en puis plus.

Le complaisant directeur ne se fit pas répéter deux fois ce qu'on exigeoit. Il se glissa sur le pied du lit , entre mad. C.... et la muraille, sa main gauche fut passée sous la tête de la tendre C... qu'il pressoit , la baisant bouche à bouche avec des petits mouvemens de langue le plus voluptueux. Son autre main fut occupée à l'action principale : elle caressoit artistement , frottant cette partie qui distingue notre sexe , et que mad. C.... a très-abondamment garni d'un poil frisé et du plus beau noir. Le doigt de l'abbé jouoit ici le rôle le plus intéressant.

Jamais tableau ne fut placé dans un jour plus avantageux, eu égard à ma position. Le lit de repos étoit disposé de façon que j'avois pour point de vue la toison de mad. C... Au-dessous se montroient en partie ses deux fesses, agitées d'un mouvement léger du bas en haut, qui annonçoit la fermentation intérieure ; et ses cuisses, les plus belles, les plus rondes qui se puissent imaginer, faisoient avec ses genoux un autre petit mouvement de droite et de gauche, qui contribuoit sans doute aussi à la joie de la partie principale que l'on fêtoit, et dont le doigt de l'Abbé, perdu dans la toison, suivoit tous les mouvemens.

J'entreprendrois inutilement, mon cher Comte, de vous dire ce que je pensois alors ; je ne sentois rien pour trop sentir. Je devins machinalement le singe de ce que je voyois ; ma main faisoit l'office de celle de l'abbé ; j'imitois tous les mouvemens de mon amie. Ah ! je me meurs, s'écria t-elle ; enfonce-le, mon cher

Abbé ; bien avant...je t'en conjure ; pousse fort , pousse , mon petit...Ah ! quel plaisir !... je fonds... je... me pâ...me !...

Parfaite imitatrice de ce que je voyois, sans réfléchir un instant à la défense de mon directeur , j'enfonçai mon doigt à mon tour ; une légère douleur que je ressentis ne m'arrêta pas ; je poussai de toute ma force , et je parvins au comble de la volupté.

La tranquillité avoit succédé aux emportemens amoureux , et je m'étois comme assoupie malgré ma situation gênante, lorsque j'entendis madame C... s'approcher du lieu où j'étois cachée : je me crus découverte , mais j'en fus quitte pour la peur. Elle tira le cordon de sa sonnette et demanda du chocolat, que l'on prit en faisant l'apologie des plaisirs que l'on venoit de goûter. Pourquoi ne sont-ils pas entièrement innocens, dit mad. C...? car vous avez beau dire qu'ils ne blessent point l'intérêt de la société, que nous sommes portés par un besoin aussi nécessaire à soulager que le sont les besoins de la faim et de la soif. Vous m'avez très-bien démontré que nous n'agissons que par la volonté de Dieu, que la Nature n'est qu'un mot vide de sens, et n'est que l'effet dont Dieu est la cause ; mais la religion, qu'en direz-vous ? elle nous défend les plaisirs de concupiscence hors de l'état du mariage : est-ce encore là un mot vide de sens ?

Quoi, Madame, répondit l'Abbé, vous ne vous souvenez donc pas que nous ne sommes pas libres, que toutes nos actions sont déter-minées nécessairement ? et si nous ne sommes point libres, comment pouvons-nous pécher ? Mais, puisque vous le voulez, entrons sérieusement en matière sur le chapitre des Religions. Votre discrétion, votre prudence me sont connues, et je crains d'autant moins de m'expliquer, que je proteste devant Dieu de la bonne foi avec laquelle j'ai cherché à démêler la vérité de l'illusion. Voici le résumé de mes travaux et de mes réflexions sur cette importante matière.

Dieu est bon, dis-je ; sa bonté m'assure que si je cherche avec ardeur à connoître s'il est un culte véritable qu'il exige de moi, il ne me trompera pas, je parviendrai évidemment à

connoître ce culte, autrement Dieu seroit in-
juste ; il m'a donné la raison pour m'en servir,
pour me guider : à quoi puis-je mieux l'em-
ployer ?

Si un Chrétien de bonne foi ne veut pas examiner sa Religion, pourquoi voudra-t-il (ainsi
qu'il l'exige) qu'un Mahométan de bonne foi
examine la sienne ? Ils croient l'un et l'autre
que leur Religion leur a été révélée de la part
de Dieu, l'une par Jésus-Christ, l'autre par
Mahomet.

La foi ne nous vient que parce que des
hommes nous ont dit que Dieu a révélé de
certaines vérités ; mais d'autres hommes en
ont dit de même aux sectaires des autres Religions : lesquels croire ? Pour le savoir, il
faut donc examiner ; car tout ce qui vient des
hommes doit être soumis à notre raison.

Tous les auteurs des diverses Religions répandues sur la terre, se sont vantés que Dieu
les leur avoit révélées ; lesquels croire ? Exa-
minons quelle est la véritable ; mais comme
tout est préjugé de l'enfance et de l'éducation,
pour juger sainement, il faut commencer par

faire un sacrifice à Dieu de tout préjugé, et examiner avec le flambeau de la raison, une chose de laquelle dépend notre bonheur ou notre malheur pendant notre vie et pendant l'éternité.

J'observe d'abord qu'il y a quatre parties dans le monde ; que la vingtième partie, au plus, d'une de ces quatre parties, est catholique ; que tous les habitans des autres parties disent que nous adorons un homme, du pain ; que nous multiplions la Divinité ; que presque tous les Pères se sont contredits dans leurs écrits : ce qui prouve qu'ils n'étoient pas inspirés de Dieu.

Tous les changemens de Religions, depuis Adam, faits par Moïse, par Salomon, par Jésus-Christ, et ensuite par les Pères, démontrent que toutes ces Religions ne sont que l'ouvrage des hommes. Dieu ne varie jamais, il est immuable.

Dieu est partout ; cependant l'Écriture-Sainte dit que Dieu chercha Adam dans le Paradis terrestre : ADAM, UBI ES ? que Dieu s'y promena qu'il s'entretint avec le diable au sujet de Job.

La raison me dit que Dieu n'est sujet à aucune passion ; cependant dans la Génèse, chapitre VI, on y fait dire à Dieu qu'il se repent d'avoir créé l'homme : que sa colère n'a pas été inefficace. Dieu paroît si foible dans la Religion Chrétienne, qu'il ne peut pas réduire l'homme au point où il le voudroit. Il le punit par l'eau, ensuite par le feu ; l'homme est toujours le même. Il envoie des Prophêtes, les hommes sont encore les mêmes. Il n'a qu'un fils unique, il l'envoie, le sacrifie ; cependant les hommes ne changent en rien : que de ridicules la Religion Chrétienne donne à Dieu.

Chacun convient que Dieu sait ce qui doit arriver pendant l'éternité ; mais Dieu, dit-on, ne connoît ce qui doit résulter de nos actions, qu'après avoir prévu que nous abuserions de ses grâces, et que nous commettrions ces mêmes actions ; il résulte néanmoins de cette connoissance, que Dieu, en nous faisant naître, savoit déjà que nous serions infailliblement damnés et éternellement malheureux.

On voit dans l'Ecriture-Sainte, que Dieu a envoyé des Prophêtes pour avertir les hommes et les engager à changer de conduite : donc l'Ecriture-Sainte suppose que Dieu est un trompeur. Ces idées peuvent-elles s'accorder avec la certitude que nous avons de la bonté infinie de Dieu ?

On suppose à Dieu, qui est tout-puissant, un adversaire qui lui enlève sans cesse, malgré lui, les trois quarts du petit nombre des hommes qu'il a choisis, pour lesquels son fils s'est sacrifié, sans s'embarrasser du reste du genre humain. Quelles pitoyables absurdités !

Suivant la Religion Chrétienne, nous ne péchons que par la tentation : c'est le Diable, dit-on, qui nous tente. Dieu n'avoit qu'à anéantir le Diable, nous serions tous sauvés : il y a bien de l'injustice ou de l'impuissance de sa part.

Une assez grande partie des Ministres de la Religion Catholique, prétend que Dieu nous donne des commandemens, mais soutient qu'on ne sauroit les accomplir saus la grace que Dieu donne à qui lui plait ; et cependaut Dieu punit

ceux qui ne les observent pas ! Quelle contradiction ! Quelle impiété monstrueuse !

Y a-t-il rien de si misérable que de dire que
Dieu est vindicatif, jaloux, colère ; de voir que
les Catholiques adressent leurs prières aux
Saints, comme si ces Saints étoient partout,
ainsi que Dieu ; comme si ces Saints pouvoient
lire dans le cœur des hommes et les entendre !

Quelle ridiculité de dire que nous devons
tout faire pour la plus grande gloire de Dieu !
Est-ce que la gloire de Dieu peut être augmen-
tée par l'imagination, par les actions des hommes ? Peuvent-ils augmenter quelque chose
en lui ? Ne se suffit-il pas à lui-même ?

Comment des hommes ont-ils pu s'imaginer
que la Divinité se trouvoit plus honorée, plus
satisfaite de leur voir manger un hareng,
qu'une moviette ; une soupe à l'oignon, qu'une
soupe au lard ; une sole, qu'une perdrix ; et
que cette même Divinité les damneroit éternellement si, dans certains jours, ils don-
noient la préférence à la soupe au lard ?

Foibles mortels ! vous croyez pouvoir offenser Dieu ! Pourriez-vous seulement offenser un

Roi , un Prince qui seroient raisonnables ? ils mépriseroient votre foiblesse et votre impuissance. On vous annonce un Dieu vengeur , et on vous dit que la vengeance est un crime ! Quelle contradiction ! On vous assure que pardonner une offense est une vertu,et on ose vous dire que Dieu se venge d'une offense involontaire (1) par une éternité de supplices !

S'il y a un Dieu, dit-on , il y a un culte. Cependant,avant la création du monde, il faut convenir qu'il y avoit un Dieu , et point de culte. D'ailleurs, depuis la création, il y a des bêtes qui ne rendent aucun culte à Dieu. S'il n'y avoit point d'hommes, il y auroit toujours un Dieu, des créatures et point de culte. La manie des hommes est de juger les actions de Dieu par celles qui leur sont propres.

La Religion Chrétienne donne une fausse idée de Dieu ; car la justice humaine, selon elle, est une émanation de la justice divine. Or nous ne pourrions, suivant la justice humaine, que blâmer les actions de Dieu envers son Fils,

---

(1) Le péché originel.

envers Adam, envers les peuples à qui on n'a jamais prêché, envers les enfans qui meurent avant le baptême.

Suivant la Religion Chrétienne, il faut tenir à la plus grande perfection. L'état de virginité suivant elle, est plus parfait que celui du mariage : or, il est évident que la perfection de la Religion tend à la destruction du genre humain. Si les efforts des discours des Prêtres réussissoient, dans soixante ou quatre-vingts ans, le genre humain seroit détruit : cette Religion peut elle être de Dieu ?

FIN DU PREMIER VOLUME.

www.ingramcontent.com/pod-product-compliance
Lightning Source LLC
LaVergne TN
LVHW021849170726
843503LV00003B/1135